人工知能と経済の未来

2030年雇用大崩壊

井上智洋

文春新書

1091

はじめに

近年の技術進歩の速さには目を見張るものがあります。しかも、その速度は今後ますます高まっていくことでしょう。私が英会話をマスターするよりも早く完全な自動通訳機が現れ、私がハゲるよりも早く完全な育毛剤が登場するように思われます。

とりわけ「人工知能」は、私たちの生活、社会、経済に大きな影響を及ぼすでしょう。そういう意味で、21世紀は間違いなく「人工知能」の世紀になると思います。

「人工知能」というのは、コンピュータに知的な作業をさせる技術のことです。最も身近な人工知能として、iPhoneなどで動作する音声操作アプリの「Siri」が挙げられます。私も利用しており、Siriに「8時に起こして」などと命令すると、その時間にちゃんとアラームを鳴らしてくれます。私が実際に起きるかどうかは別問題ですが。

人工知能の発達にともなって、私たちが当たり前に思っている身の回りの事々も変わっていくでしょう。例えば、トヨタやホンダなどは、東京オリンピックが開かれる2020

年を目処に、人工知能が人間に代わって運転するセルフドライビングカー（自動運転車）の実現を目指しています。２０５０年には全ての自動車がセルフドライビングカーになっているという予測もあります[1]。

居酒屋で酔い潰れても、スマートフォンなどで無人の自動車を呼び出し、乗り込んだ車内でうたた寝をしているといつの間にか家に到着している。そんな夢のような未来が訪れるというわけです。

分かりやすい変化をもたらす技術として、セルフドライビングカーとともに自動通訳や自動翻訳が挙げられます。人工知能の第一人者である東京大学の松尾豊准教授は、２０２５年頃にはコンピュータが意味をちゃんと理解して、自動翻訳や自動通訳を行うことができるようになると予想しています。

松尾准教授は、「ビフォー自動翻訳」「アフター自動翻訳」という言い方をします。２０２５年以降の「アフター自動翻訳」の世界では、日本企業の海外進出も海外企業の日本進出も今よりも格段に容易になり、真のグローバリズムが訪れることになります。

あるいはまた、学生は英語を学ぶ必要がなくなるかもしれません。英語が大学の必修科目からはずれ、一部の物好きな学生が選択するマイナーな科目になり下がるということも起こり得ます。

　しかし、そうしたイメージし易い身の回りの変化が瑣末な出来事としか思えないくらいに、2030年以降の人工知能は経済や社会のあり方を大きく変えてしまうのではないかと私は予想しています。

　なぜなら、ちょうど2030年頃に「汎用人工知能」の開発の目処が立つと言われているからです。「汎用人工知能」というのは、人間のように様々な知的作業をこなすことのできる人工知能です。

　今の世の中に存在する人工知能は全て「特化型人工知能」であり、一つの特化された課題しかこなすことができません。Siri は iPhone などを操作する目的に特化された人工知能です。将棋をする人工知能は将棋だけに、チェスをする人工知能はチェスだけにそれぞれ特化されて作られています。

　特化型人工知能の及ぼすインパクトは、耕運機や自動改札機といったこれまでの機械と質的にはそれほど変わりないかもしれません。

　近頃、人工知能が仕事を奪うという問題が盛んに取りざたされています。実際、セルフドライビングカーや人工知能を搭載したドローン（無人航空機）による配送の普及によってタクシー運転手やトラック運転手、配達員が失業する恐れがあります。

しかし、人間は、機械に仕事を奪われても、機械に対し優位性のある別の仕事に転職することができます。その点、セルフドライビングカーでも自動改札機でも変わりありません。ただし、今後続々と特化型人工知能が生み出されるのであれば、量的にはこれまでの技術を上回るような社会的影響が及ぼされるでしょう。

ところが、人間と同じような知的振る舞いをする汎用人工知能が実現し普及したならば、既存の技術とは質的にも異なる変化がもたらされると考えられます。というのも、あらゆる人間の労働が汎用人工知能とそれを搭載したロボットなどの機械に代替され、経済構造が劇的に転換するからです。

その時、私たちの仕事はなくなるのでしょうか？　経済成長は停滞するのでしょうか？はたまた爆発的な経済成長がもたらされるのでしょうか？

私は、大学時代に計算機科学を専攻しており、人工知能に関連するゼミに属していました。人一倍勉学を怠っておりましたが、ひととおりの知識は持ち合わせているつもりです。

どういうわけか現在は、マクロ経済学者として大学で教鞭をとっています。マクロ経済学というのは、一国のＧＤＰ（国内総生産）や失業率、経済成長率などがどのように決定されるのかを明らかにする経済学の分野です。そのようなわけで本書では、人工知能にそれなりの知識のあるマクロ経済学者という立場から、人工知能が経済に対しどのような影響を及ぼすかについて論じたいと思っています。

マクロ経済学というのは、その名の通り大づかみな学問なので、個々の人工知能の技術が各産業や職種をどのように変えていくかといった問題は、本書のメインテーマではありません。そうした問題も無論重要で私自身興味は持っていますが、マクロ経済学者が得意げに論じられることではありません。

私が特に注力したいのは、汎用人工知能が2030年頃に出現するならば、それ以降、経済システムの構造がどのように変化し、それによって経済成長や雇用がいかなる影響をこうむるかといった問いをめぐる議論です。

近年の日本は、経済成長が低迷し国民の暮らしがそれほど豊かにならない「失われた20年」などと呼ばれる不況に陥っていました。安倍政権は不況からの脱却を図るために「アベノミクス」を掲げています。

アベノミクスの本丸とも言われる成長戦略については（私は本丸だと思っていませんが）、中身がないとマスメディアにしばしば批判されています。日本経済を長期的に見ると、少子高齢化がさらに進行し、成長率はますます低下する傾向にあります。

日本が抱えるこうした経済問題に対し、汎用人工知能は救いの神になるでしょうか？それとも、人々から根こそぎ労働を奪う結果に終わってしまうのでしょうか？後者の実現が濃厚でも、汎用人工知能の研究開発を止めるわけにはいかないかもしれません。

というのも、２０１５年頃から汎用人工知能の世界的な開発競争が始まっており、この技術を最初に実現し導入した国が世界の覇権を握ってしまう可能性があるからです。開発に乗り遅れた国は、そうした覇権国に食い物にされてしまうかもしれません。日本が食い物にされる側に回り、後進国へと転げ落ちていく恐れもあります。汎用人工知能の普及の果てに訪れる世界は、あらゆる人々が豊かに暮らすことのできるユートピアになるのでしょうか？それとも、一部の人々だけが豊かになり他は貧しくなるディストピアになるのでしょうか？

それはどのような未来を私達自身が選びとるかに掛かっています。ユートピアにするには、恐らくは現在の社会制度のあり方を大きく変革しなければならないでしょう。汎用人工知能が普及した世界にぜひとも導入すべきだと私が考えているのは、「ベーシックインカム」です。

ベーシックインカムは、収入の水準に拠らずに全ての人に無条件に、最低限の生活費を一律に給付する制度です。また、世帯ではなく個人を単位として給付されるという特徴を持ちます。例えば、毎月7万円のお金が老若男女を問わず国民全員に給付されます。ベーシックインカムがいかに未来の世界に不可欠な制度であるかということも本書の主要な論点です。

本書の構成は以下のようになっています。

第1章では、人工知能が仕事を奪うとか人間の知性を超えるといったような「人類 vs. 機械」の対立軸にまつわる最近の話題をざっくばらんに紹介します。

第2章では、人工知能がこの先どのように進化し、今から約30年後の2045年くらいまでに何が可能になり、何が不可能なままであるかについて私なりの見通しを示します。技術的な議論が中心になりますが、それはこの後未来の経済に対する人工知能のインパクトを検討するために必要な議論です。

第3章では、2030年以前の人工知能が経済にいかなる影響を及ぼすかについて考えます。つまりこの章で論じられるのは、特化型人工知能がどのように雇用を奪うか、どのように経済成長を促進するかといった点です。

第4章では、2030年頃に起こるとされている第四次産業革命以降の経済のあり方を描いていきます。汎用人工知能は多くの労働を消滅させ、経済の構造を根本的に変革するでしょう。また、この時汎用人工知能をいち早く導入した国とそうでない国とで経済成長に関する大きな開き、つまり「第二の大分岐」が生じるであろうという予想を示します。

第5章では、第4章の予想を踏まえ、多くの労働が消滅した未来の世界に、ベーシックインカムがいかにふさわしい制度であるかについて論じます。

人工知能と経済の未来　２０３０年雇用大崩壊◎目次

第3章　イノベーション・経済成長・技術的失業　101

第４章　第二の大分岐——第四次産業革命後の経済——　147

第5章 なぜ人工知能にベーシックインカムが必要なのか？ 201

第1章

人類 vs. 機械

私は幸運だ。なぜなら脳は筋肉で出来ていないからだ

スティーヴン・ホーキング

ホーキング博士の憂鬱

スティーヴン・ホーキングはご存知の人も多いと思いますが、宇宙の創世に関する偉大な発見をしたイギリスの理論物理学者です。「車椅子の物理学者」と呼ばれ、筋萎縮性側索硬化症《きんいしゅくせいそくさくこうかしょう》（ＡＬＳ）という全身の筋肉が動かなくなる病気を患っていることでも知られています。

ホーキング博士の半生は、アカデミー賞に5部門ノミネートされた２０１４年の映画『博士と彼女のセオリー』の題材にもなっています。博士は21歳の時、後2年しか生きられないと医者に宣告されます。しかし、一時的には塞ぎ込んでしまうものの、楽天的で茶目っ気のある性格は変わりませんでした。

本章の冒頭の言葉に表れているように、博士は自らの境遇を肯定的にとらえています。だからなのか、2年を遥かに超えて生き続け、74歳の今に至るまで精力的な活動を続けています。

そんな楽天的な性格のホーキング博士にも、近頃心配のタネがあるようです。博士は「人工知能」の発達が未来の人類にとんでもない災難をもたらすのではないかと危惧しているのです。

「人工知能」(Artificial Intelligence, AI)というのは、知的な作業をするソフトウェアのことで、コンピュータ上で作動します。最も身近な人工知能として、iPhoneなどで使われる音声操作アプリ「Siri」があります。

AIと似たような用語に「ロボット」がありますが、こちらは「人間と同じような振舞いをする機械」あるいは「自律的に動く機械」を意味します。

AIは、パソコンやスマートフォンで利用されるだけでなく、ロボットの制御にも使われます。高度なロボットには、AIが搭載されたコンピュータが組み込まれているというわけです。

この場合、ロボットが身体部分を担当し、AIが頭脳部分を担当していると考えれば分かりやすいでしょう。あるいは、ロボットが「ハードウェア」で、AIが「ソフトウェア」だと思ってもらっても構いません。

AIは近年大きな関心を寄せられており、「AIブームが起きている」とすら言われていますが、その概念自体は昔からありました。1956年、計算機科学者がアメリカのダートマス大学で開いた会議「ダートマス会議」の提案書で「人工知能」という用語が初めて使われています。

その当時多くの研究者が、20年ほどで人間なみに考えられるソフトウェアを開発できるだろうと予測しましたが、そうしたＡＩの進歩に関する当初の楽観的な予測は裏切られました。

ダートマス会議に参加した計算機科学者の一人ハーバート・サイモンは、１９５７年に10年以内にコンピュータはチェスのチャンピオンを打ち負かすと予測していますが、実際にそれが実現したのは40年後の１９９７年です。チェスのようなコンピュータに向いているジャンルですらこの体たらくでした。

ＡＩは20世紀には期待ばかりが寄せられて実績がそれほど伴わない技術だったわけです。しかし、21世紀になって広く役立つ技術へと転身を遂げ日の目を見るようになりました。

もう少し正確に言うと、ＡＩにとっての21世紀は１９９０年代後半に既にフライングして始まっています。その時期から、ＡＩは私たちが日常利用する身近な技術になっています。

グーグルなどの「検索エンジン」やアマゾンなどでお薦めの商品を提案する「レコメンド・システム」のサービスが世に現れたのが１９９０年代後半です。これらも、キーワードに関連するウェブページのリストの表示や書籍のレコメンド（推薦）といった知的な作業を行うので、AIの一種と考えられます。

1990年代後半から幾つかの分野で、AIの能力が人間を凌駕するようにもなりました。先ほど述べたように1997年には、コンピュータがチェスのチャンピオンを打ち破りました。勝ったのはIBM社のスーパーコンピュータ「ディープ・ブルー」で、負けたのは史上最強のチェスプレイヤーと言われたロシア人のガルリ・カスパロフです。

2011年には、同じくIBM社が開発したコンピュータ・システム「ワトソン」が、アメリカのクイズ番組でクイズのチャンピオンに勝利しています。

2015年は、多くのAI研究者や将棋関係者によって、コンピュータが将棋で羽生善治名人を打ち負かすか互角の勝負をするものと目されていた年です。実際に対戦は成されなかったのですが、情報処理学会は2015年10月11日にコンピュータ側が「統計的に勝ち越す可能性が高い」として、いわば不戦勝を宣言しました(2)。

実は1996年、コンピュータがいつ人間を負かすかというアンケートに対し、多くの棋士が「100年は負けない」「永遠にない」などと言っている中、羽生氏は2015年であると答えています。私が羽生氏に驚嘆するのは棋士としての才能ばかりでなく、こうした何気ない予想を的中させてしまう底知れぬ思考力です[3]。

囲碁は、将棋に比べ遥かに複雑なゲームと見なされています[4]。そのため、２０１５年頃コンピュータが囲碁で人間のチャンピオンに勝つようになるには10年ほど掛かるのではないかと関係者の間でささやかれていました。

ところが、たった1年後の２０１６年3月に、囲碁ＡＩの「アルファ碁」が、世界最強の棋士である韓国の李世乭《イセドル》九段を打ち負かしました。ＡＩは今、大方の予想を大きく覆すようなスピードで進歩していると言えるでしょう。

「ロボット」もまた近年急速に進歩し普及してきています。工場で働く「産業用ロボット」だけでなく、一般消費者向けの「サービスロボット」が増えてきていることからもそれは明らかです。サービスロボットもまた１９９０年代後半以降、続々と世に出回るようになりました。

１９９９年にはソニー社が犬型ペットロボット「ＡＩＢＯ」（アイボ）を、２００２年には iRobot（アイロボット）社がお掃除ロボット「ルンバ」を、２０１５年にはソフトバンク社が人型ロボット「Pepper」（ペッパー）をそれぞれ発売しています。

iRobot 社は、アメリカのＭＩＴ（マサチューセッツ工科大学）人工知能研究所の研究者が設立した会社で、ルンバにはＡＩ研究の成果が活かされています。ＡＩはパソコンなどで動作するアプリケーションだけでなく、サービスロボットにも組み込まれるようになってきているのです。

このようにＡＩが実用に供されるようになるにつれて、経済停滞に悩まされてきた日本では特に、成長の原動力として強い期待が寄せられるようになりました。

政府の成長戦略を表した『『日本再興戦略』改訂２０１５』でも、ＡＩは、「モノのインターネット」(Internet of Things, IoT)や「ビッグデータ」とともに、三本の柱に位置づけられています。「ＩｏＴ」というのは、あらゆる物をインターネットに繋ぐという意味で、「ビッグデータ」は大量のデータを意味します。

それにしても、ＡＩの発達はどのようにして経済成長を促すのでしょうか？　これまでそうした点を経済学的に理屈立てて論じた書籍はありませんでした。本書では、第3章と第4章で詳しく論じます。

他方で、ＡＩの発展を警戒する声も高まっており、「機械の叛乱《はんらん》」や「技術的失業」といった問題がとりわけ大きな議論を呼んでいます。

「機械」という言葉は一般に、ＡＩやロボット、コンピュータを含む「作動する人工物」

の全てを意味しますが、本書では特に「人類vs.機械」というように人類と対比させる際に用いることにします。

「ターミネーター」は現実化するのか？

機械の叛乱について懸念している代表的な論者がホーキング博士です。博士は、イギリスの放送局ＢＢＣのインタビューで、「完全な人工知能の登場は人類の終焉を意味するだろう」と警鐘を鳴らしています。

他にも、マイクロソフト社の元会長ビル・ゲイツやアメリカの起業家イーロン・マスクが同様の懸念を示しています。映画『ターミネーター』のような叛乱とまではいかないまでも、機械が実際に暴走し人間を殺傷する日が、いずれ訪れるかもしれません。

マイクロソフト社が開発した「テイ」（Ｔａｙ）というオンラインＡＩは、ツイッター上の人間とのつぶやき合いなどを基に学習し発達していきます。その挙句、ヒットラーを賛美したり、ヘイトスピーチを繰り返したり、卑猥なことをつぶやいたりするようになりました。

このことは、たとえ開発者に悪意がなくても、周りの人間の影響次第で学習するＡＩが悪意を持ち得ることを示しています。つぶやく以外の機能はないので、テイが人間を物理的に攻撃することはありません。しかし、こうしたＡＩがネットに接続された機器をコントロールする機能を備えていたり、ロボットに搭載されていたりすれば、人間にとって深刻な脅威になる可能性があります。

しかし、そうした機械の叛乱や暴走よりも、今現実に差し迫っているのは「技術的失業」という問題です。「技術的失業」（テクノロジー失業）というのは経済学の用語で、新しい技術の導入がもたらす失業を意味しています。

本章では、技術的失業を中心に、ＡＩの発展に関連して近年盛んに取りざたされている「人類vs.機械」にまつわる話題をざっくばらんに紹介します。

よみがえる技術的失業

技術的失業は「銀行にＡＴＭが導入されて、窓口係が必要なくなり職を失う」とか「音楽データのダウンロード販売の普及によって、街角のＣＤ販売店が廃業に追い込まれ従業員が職を失う」といったような失業のことです。

といっても、技術的失業は近年に始まった話ではなく、「資本主義」の勃興期に既に生じています。「資本主義」という言葉は、本書では「労働者が機械を使って商品を生産するような経済」という意味で用います。資本主義というのは、要するに一語で言い換えれば「機械化経済」です。

このような意味の資本主義は、イギリスで第一次産業革命の期間（１７６０～１８３０年）に最初に形成されました。この期間に例えば、紡績機（糸をつむぐ機械）が広く導入されるようになり、一人の労働者が重さ1ポンドの綿花を糸につむぐのにかかる時間は５００時間から3時間に短縮されています(5)。

紡績機や織機（布を織る機械）の導入は労働力を節約するので、人手を減らすものと心配されました。失業を恐れた手織工や一部の労働者は、１８１０年代に「ラッダイト運動」という機械の打ち壊し運動を行っています。

ところが、技術的失業は結局のところ、一時的で局所的な問題に過ぎませんでした。紡績・紡織の労働力が節約されたので、それだけ綿布《めんぷ》は安く供給できるようになったのです。その結果、下着を身につける習慣が広まるなどして綿布の消費需要は増大し、工場労働者の需要もむしろ増大しました。

イノベーション（新しい技術の導入）は、また新たな財やサービスを創出することでも雇用を生み出します。蒸気機関は紡織機ばかりでなく、機関車の動力にも使われ、鉄道員や鉄道技師などの新たな雇用を生み出しました。

このようにイノベーションが発生しても、既存産業が効率化し消費需要が増大するか、新しく生まれた産業に労働者が「労働移動」することにより、技術的失業は解消されてきました。「労働移動」というのは経済学の用語で、ある業種から別の業種へ、あるいはある企業から別の企業へ労働者が移動することです。

技術的失業は長期に渡る深刻な問題にならなかったので、シスモンディやマルサス、リカードなどの19世紀の経済学者によって議論の俎上に載せられたものの、経済学の中心的なテーマにはなりませんでした。

20世紀の初頭にはイギリスの経済学者ジョン・メイナード・ケインズが、技術的失業について申し訳程度に言及しています。

> われわれは一つの新しい病気に苦しめられつつある。一部の読者諸君はまだ一度もその病名を聞いたことがないかも知れないが、今後は大いにしばしば聞くことだろう。それは技術的失業（technological unemployment）である。[6]

ところが、その後も人々はさしてこの病名を聞かされることはありませんでした。ケインズが1930年にこう予言してからほどなくして、世界大恐慌が多くの失業者を生み出し始め技術的失業どころではなくなったからです。

さらに、大恐慌からの回復の後に勃発した第二次世界大戦は各国に完全雇用に近い状態をもたらし、終戦後の1950年代、60年代に資本主義は黄金時代を迎えます。

忘れ去られた技術的失業の問題が再び甦ったのは、1990年代になってからのことです。この時期からアカデミックの分野でも、ノーベル経済学賞受賞者であるデール・モーテンセンとクリストファー・ピサリデスのような著名な経済学者によって技術的失業が研究されるようになりました。

また1990年代にアメリカでは、情報技術の導入がもたらす技術的失業が懸念され、このような技術の発達に反対するような運動「ネオ・ラッダイト運動」が起きています。ネオ・ラッダイト運動の多くは言論による穏当なものですが、ユナボマーというテロリストは科学者やエンジニアに爆弾を送りつけることで科学技術の発達を妨害しようとしました。ユナボマーというのは「爆弾魔」といったような意味のニックネームで、本名はセオドア・カジンスキーといいます。元々はカリフォルニア大学で教員をしていた数学者で、現在はコロラド州にある刑務所で服役中です。

ユナボマーは1995年に『ニューヨーク・タイムズ』と『ワシントン・ポスト』に掲載された長文の犯行声明文「産業社会とその未来」(以下の引用は、「タイム」誌編集記者著、田村明子訳『ユナボマー　爆弾魔の狂気――FBI史上最長十八年間、全米を恐怖に陥れた男』ベストセラーズより)で、

機械はどんどん単純作業をとって代わるようになるだろうから、下級労働者は失業していく(この問題はすでに起こっている。知能的あるいは心理的な理由から、現在の社会システムの中で有能であるためのトレーニングレベルを習得することができない人々は、仕事を探すのが非常に困難か、あるいは不可能である)。

と技術的失業について危惧しています。このようにアメリカでは20年ほど前から、ノーベル賞受賞者からテロリストに至るまで多くの人たちによって技術的失業が論じられてきましたが、日本ではごく最近になるまでこの問題が衆目を集めることはありませんでした。

私は２００８年に技術的失業に関する論文を日本語で書きましたが、グーグルで「技術的失業」をキーワードにして検索すると、全く無名の大学院生だった私のその論文がトップに出てきてしまうくらいに、この問題に関心を抱く人はいませんでした。

東大合格を狙うＡＩ「東ロボくん」の研究推進者として有名な国立情報学研究所の新井紀子《のりこ》教授は、２０１０年に『コンピュータが仕事を奪う』を出版しています。一部のＡＩ研究者は、技術的失業について警鐘を鳴らしていたのです。

しかし、デフレ不況がもたらす失業が喫緊の問題だったせいか、経済学者も含め多くの人々は技術的失業に関心を寄せておりませんでした。

ところが、２０１３年にアメリカの経済学者エリック・ブリニョルフソンとアンドリュー・マカフィーによる『機械との競争』の翻訳書が出版されると、技術的失業の脅威が日本でも意識されるようになりました。

ただし、この本では“Technological Unemployment”が「技術的失業」ではなく「テクノロジー失業」と訳されているので、後者の言葉の方が世の中で多く用いられているようです。

なくなる職業

『機械との競争』の原題は"Race Against the Machine"で、"Rage against the Machine"(レイジ・アゲインスト・ザ・マシーン、レイジと略される)というロックバンドの名前をもじっています。

星条旗を逆さまに吊したり、革命家チェ・ゲバラの肖像画を掲げたり、アメリカに対する抗議の焼身自殺をしたベトナムの僧侶の炎に包まれた写真をアルバムのジャケットに使ったり、といった過激で反権力的なパフォーマンスを行って度々話題になったバンドです。『機械との競争』は、コンピュータの導入による失業と中間所得層の弱体化の問題を論じており、その議論はレイジのパフォーマンス並みに鮮烈かつ破壊的です。ユナボマーは、「下級労働者」が失業していると言いましたが、ブリニョルフソン&マカフィーによれば、技術的失業の被害を主にこうむっているのは中間所得層です。アメリカでは、中間所得層の雇用が失われているために、一般的な労働者は貧しくなっているというのです。

図1-1に表されているように、1980年くらいから一人あたりGDPの伸びに所得の「中央値」はついていけなくなりました。所得の「中央値」というのは、50人の人がいた時に、彼等を稼ぎの多い順に並べて25番目くらいの人の給料のことで、平均値とは異な

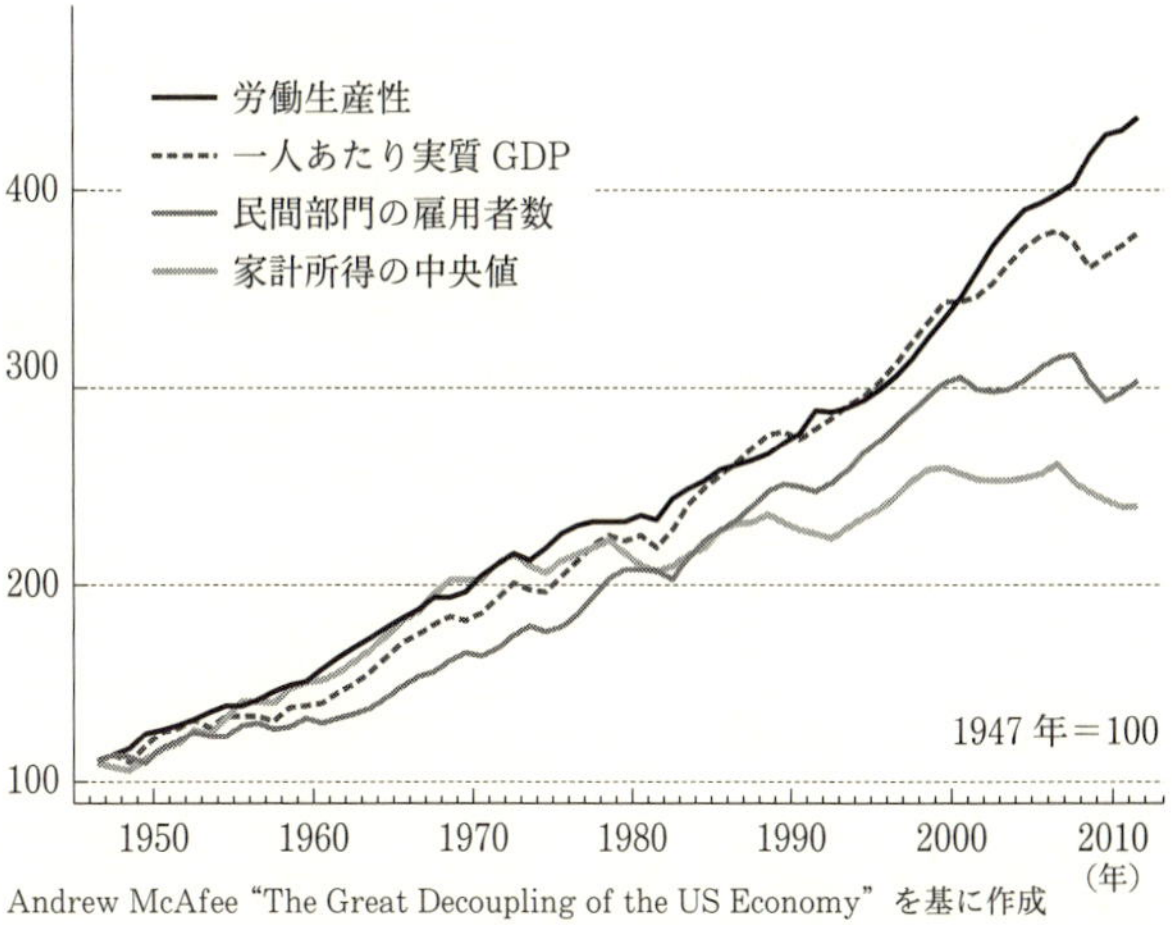

Andrew McAfee "The Great Decoupling of the US Economy" を基に作成

図 1–1　アメリカの所得などの推移

ります。

所得の高い人がべらぼうに稼いでいる場合には、例えば10番目くらいの人の給料が平均値に近くなるかもしれません。また、所得の高い人の所得が劇的に増大すれば、所得の中央値が下落している場合でさえも、所得の平均値は上昇するという可能性もあります。

実際、アメリカで起きているのはそういうことで、一般的な労働者は貧しくなっているのに、金持ちはそれを補って余りあるほど豊かになっています。それゆえ、図1–1のように、2000年以降、所得の中央値は下落しているにもかかわらず、一人あたりGDP（所得の平均値に近い）は上昇しています。

ブリニョルフソン&マカフィーは、このような労働者の暮らし振りとマクロ経済の趨勢との開きを、「グレート・デカップリング」と名づけました。その主要因は情報技術の発達という「スキル偏向的技術進歩」だと言っています。

これは、情報技術を使いこなす高いスキルを持った労働者の需要が増大することを意味します。またその裏面として、情報技術に代替されやすいスキルを持った労働者の需要は減少します。代替されやすいスキルというのは近年では主に、「事務労働」のスキルです。

職業を単純化して、「肉体労働」と「事務労働」と「頭脳労働」の三つに分けて考えましょう（図1－2）。低所得層は主に「肉体労働」に、中間所得層は「事務労働」に、高所得層は「頭脳労働」にそれぞれ従事しています。

コンピュータは、未だに商品企画や研究開発などの「頭脳労働」や介護や看護、建設などの「肉体労働」をできずにいる一方で、文書の作成や解析、事務手続きなどを効率化し「事務労働」に必要な人手を減らしています。その結果、アメリカでは、コールセンターや旅行代理店などにおける事務労働の雇用が大幅に減少しています。

現在のところ雇用破壊が進んでいるのは、頭脳労働でも肉体労働でもなく、中間所得層

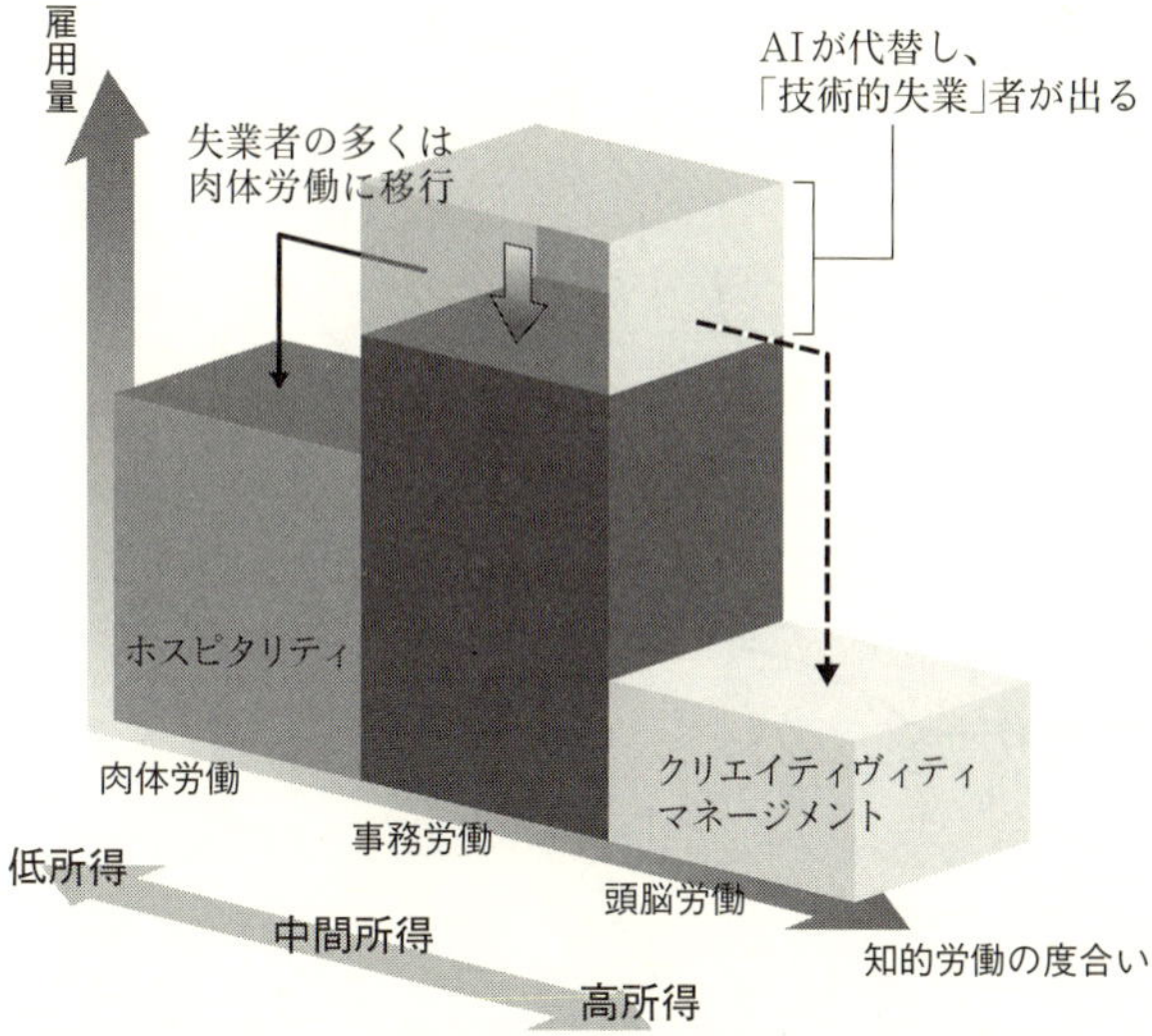

『週刊エコノミスト』2015年10月6日号を基に作成

図1-2　中間所得層の雇用破壊

が主に従事する事務労働というわけです。こうして技術的失業をこうむった労働者は、より低賃金の肉体労働やより高賃金の頭脳労働の方に移動します。

中間所得層の労働が減り、低賃金と高賃金の労働が増大するこうした現象は、アメリカの労働経済学者デヴィッド・オーター等によって労働市場の「二極化」（Polarization）と呼ばれています。

オーター等によって示された図1-3のグラフは、アメリカで1990年代に起きた「二極

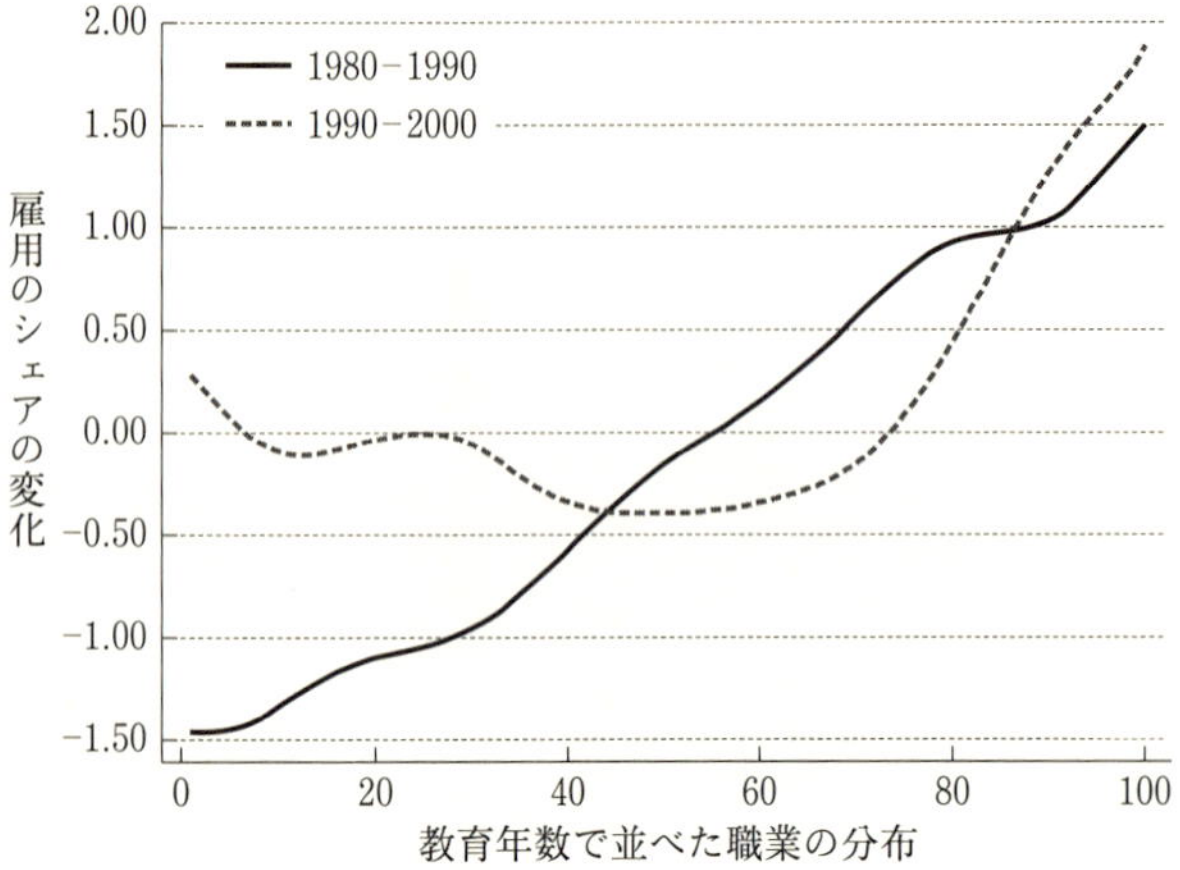

Autor, Katz, and Kearney "The Polarization of the U.S. Labor Market" を基に作成

図 1-3　アメリカにおける雇用のシェアの変化

化」を表しています。横軸は0に近い方が低スキルの職業、100に近い方が高スキルの職業だと考えてください(7)。

縦軸は、雇用のシェアの変化を表しています。

1980年代のグラフは右上がりで、高スキルの仕事ほどシェアが増えています。しかし、1990年代では、高いスキルの雇用が顕著に増え、低いスキルの雇用も少しは増えていますが、中間的なスキルの雇用は減少していることが分かります。雇用の増減とスキルとの関係がU字型のグラフによって表されています。

今後、雇用のあり方はどうなっていくでしょうか？　図1-3のU字型のグラフは保たれないかもしれません。というのも、事務労働に続いて肉体労働がこれから機械によって大幅に駆逐されていく可能性があるからです。

オックスフォード大学のカール・フレイとマイケル・オズボーンは、「雇用の未来」という論文で702もの職業について、10～20年後にコンピュータによってオートメーション化されて消滅する確率をはじき出しています。

職種	(%)
スーパーなどのレジ係	97
レストランのコック	96
受付係	96
弁護士助手	94
ホテルのフロント係	94
ウェイター・ウェイトレス	94
会計士・会計監査役	94
セールスマン	92
保険の販売代理店員	92
ツアーガイド	91
タクシーの運転手	89
バスの運転手	89
不動産の販売代理店員	86
警備員	84
漁師	83
理髪師	80
皿洗い	77
バーテンダー	77

大　消える確率　小

『週刊エコノミスト』2015年10月6日号を基に作成

図1-4　消滅する可能性の高い職業

図1-4に確率の高い幾つかの職業を抜粋しました。タクシーの運転手や漁師、ウェイター・ウェイトレスなどの肉体労働が失われる可能性が高いということが分かります。

彼らは、「クリエイティヴィティ」（創造性）と「ソーシャル・インテリジェンス」（社会的知性)、そして「コグニション&マニピュレーション」(認識と操作)の三つがオートメーション化されにくいスキルだろうと仮定して調査しました。

ところが、コグニション&マニピュレーションのスキルを必要とする職種はあまり残らないという予測になってしまったのです。

コグニション&マニピュレーションというのは、文字通り、物体を目で認識して手で取り扱うということです。例えばこれは、テーブルの上のグラスにワインを注ぐというようなウェイター・ウェイトレスの仕事で必要とされるスキルであり、多くの肉体労働で必要とされるものです。

多くの事務労働が機械に代替されることは分かっていましたが、図1-4のように、ウェイター・ウェイトレスの他、漁師や皿洗いのような肉体労働の多くが代替される可能性が高いという予測は衝撃的でした。

しかも、会計士や弁護士助手といった頭脳労働の一部も消滅する可能性が高いという結果が得られています。だとすると、今後、図1-3のU字型のグラフは次第に崩れていくことになります。

「雇用の未来」ではまた、アメリカの労働者の半分近く(47%)が従事する仕事が、10~

20年後に高い確率（70％以上の確率）で、機械によって代替可能になると予想されています。

この予想もまた衝撃的でしたが、技術的に代替可能になると言っているだけであり、実際に労働者が職を失うと主張しているわけではないので、注意が必要です。

新しい技術や商品が開発されてから社会に広く普及するようになるまでにはある程度の時間が掛かります。この過程は経済学では「ディフュージョン」（拡散、普及）と呼ばれています。ディフュージョンの分だけ、新しい技術や商品が実際に労働者を駆逐するまでには余計に時間が掛かります。

ただし最近、ディフュージョンの期間はかなり短くなっており、アメリカで自動車が人口の50％まで普及するのに要した期間は80年以上でしたが、テレビやビデオは30年ほど、携帯電話は10年ほどです[8]。ディフュージョンの期間は今後ますます短くなっていくものと思われます。

だとすると、ウェイター・ウェイトレスのようなおなじみの職業がＡＩ・ロボットに代替されてなくなる日は、そんなに遠い未来ではないかもしれません。その時、職を失った人たちを吸収し得る雇用の口はあるのでしょうか？

資本主義のこれまでの歴史の中で、技術的失業は、新しい職業が絶えず生み出されることで解消されてきており、未来においても同様に解消されていくので大した問題にならないという見方もあります。本当にそうなのでしょうか？

2045年AIが人の知性を超えるとき

もし、AIが人間の知性を凌駕するほどに発達するならば、企業は生身の人間よりもAIやそれを搭載したロボットを雇うことでしょう。だとすると、新しいタイプのタスクが生まれたとしても、労働者は一切雇われなくなるかもしれません。

コンピュータが全人類の知性を超える未来のある時点のことを「シンギュラリティ」(Singularity、特異点、技術的特異点) と言います。この概念は、アメリカの著名な発明家レイ・カーツワイルが、技術に関する未来予測の書『シンギュラリティは近い――人類が生命を超越するとき』(2005年) で紹介したことで、世界的に知られるようになりました。日本でも2015年以降、経済雑誌や新聞でも取り上げられるほどに知名度が高まっています。

カーツワイルは、シンギュラリティが2045年に到来すると予測しています。図1-

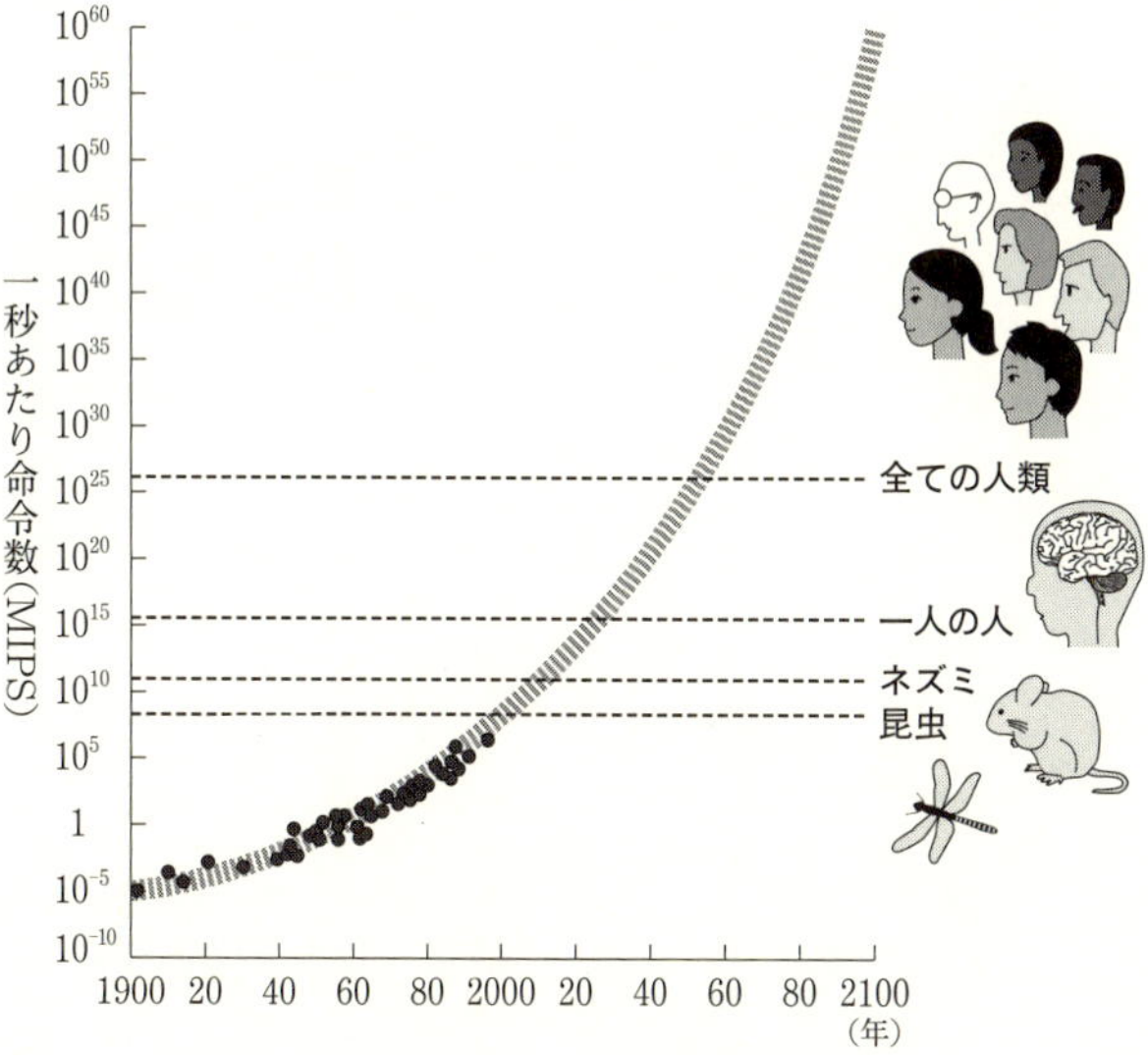

図 1-5　コンピュータの処理速度の予測

５は、『シンギュラリティは近い』で示されたものです。

縦軸は１０００ドル（約10万円）で購入できるコンピュータが一秒あたりに実行できる命令数です。単位はＭＩＰＳで、１ＭＩＰＳで毎秒１００万個の命令が実行されます。

２０１５年の時点で１０００ドルコンピュータの計算速度はネズミの脳と同程度ですが、２０２０年代には人間一人の脳に、２０４５年には全人類の脳全てに比肩するようになります。要するに、２０４５年には、ヤマダ電機やビックカメラなどで気楽に買えるパソコン一つで、全人類分の脳と同等の情報処理ができるようになるということです。

そんなパソコンにインストールされたＡＩが、人類の全知性を超えてしまうとなると、もはや何が起こるのか予測もつかなくなるというわけです。シンギュラリティには「これまでの法則が通用しない」とか「想像もできないような途方もないことが起きる」といった意味合いが込められています。

シンギュラリティは、もともとは数学や物理学の用語です。物理学では、シンギュラリティは物理法則（一般相対性理論）が通用しない特異な点のことで、ブラックホールの中にあると考えられています。

ホーキング博士はそのような物理学的な特異点が存在し得ることを証明した二人の研究者の内の一人です。もう一人はイギリスの物理学者ロジャー・ペンローズです。映画『博士と彼女のセオリー』では、博士論文のテーマがなかなか決まらないホーキング博士が、ペンローズの講演を聞いて、時間と特異点をテーマに博士論文を書くことを思い立つ場面が描かれています。

技術的特異点としてのシンギュラリティも物理学的な特異点と同様に、既存の法則が成り立たなくなるような点として考えられます。何が起こるのか予測できないような状況です。カーツワイルの言い方を借りれば、それは「人類の歴史という布地を引き裂くほどの事象」なのです。

カーツワイルの考えが受け入れられている理由

それにしても、本当にシンギュラリティは到来するのでしょうか？　どこの馬の骨か知らぬカーツワイルっていうアメリカのオジサンの言うことには何の信憑性もないのではないかといぶかる人も少なくないでしょう。

しかしながら、『シンギュラリティは近い』は荒唐無稽なことばかりが書かれたトンデモ本というわけではなく、カーツワイルの考えは賛否両論を巻き起こしながらもある程度世の中に受け入れられています。なぜでしょうか？　四つほど理由があります。

まず、カーツワイル自身が優れた発明家であり、スキャナー、ＯＣＲ（文字を読み取るソフトウェア・機械）、シンセサイザなど今日良く使われている商品を発明しているということです。

発明といっても、これらは長い時間かけて徐々に進化してきたので、彼が最初に作ったという意味ではありませんが、広く世に知られているような決定的な製品を生み出しています。[9]

例えば、カーツワイルの手による「Kurzweil K250」というシンセサイザは、アメリカのミュージシャン、スティービー・ワンダーの依頼によって作られたことで有名です。アメリカの年配の音楽マニアは、「カーツワイル」という言葉を聞くとシンギュラリティのことよりもむしろこのシンセサイザを想い起こすくらいです。

2番目に、カーツワイルはこれまでにも未来予測を当てた実績があります。最も知られているのは、1990年出版の『インテリジェント・マシンの時代』という著書の中で成された予測です。

例えば、1998年にコンピュータがチェスのチャンピオンに勝つという予測がありますが、前述したように実際にそれは1997年に実現しています。1年の誤差がありますが、1990年頃には多くの人々が「コンピュータは当面人間には勝てないだろう」と高をくくっていたことを考慮すると、羽生氏同様の際立った予測力と言えます。

他にも、1999年出版のカーツワイルの著書『スピリチュアル・マシーン』をひもとくと、2009年の未来について「本、雑誌、新聞などは、文庫本程度の大きさのディスプレイ上で読まれるのが一般的」になると予測しています。時期に若干ずれがあるものの、iPhoneやiPad、Kindleなどを思い浮かべればおよそ当たっていると言えるでしょう。

3番目に、シンギュラリティの到来は、カーツワイルばかりでなく著名な学者によっても主張されています。シンギュラリティという言葉を「技術的特異点」という意味で最初に使ったのは、ジョン・フォン・ノイマンだと言われています。

ノイマンは、ハンガリー出身のアメリカの数学者、物理学者、経済学者、計算機科学者で、ゲーム理論の創始者で、原子爆弾の生みの親の一人であり、現在広く使われているコンピュータの仕組みの提案者でもあり……この辺りでやめておきましょうか。

要するに、20世紀で最も多く科学的功績を残した人物で、そんな天才が論じたとあってはシンギュラリティをSF的妄想と切って捨てるわけにいかないでしょう。他にも、アメリカの数学者でSF作家のヴァーナー・ヴィンジやアメリカのAI・ロボット研究者のハンス・モラヴェックがカーツワイル以前にシンギュラリティについて論じています。

4番目に、カーツワイルは最先端の技術や膨大な研究論文を踏まえて予測を立てています。『シンギュラリティは近い』では、ホントかよ！とつっこみたくなるような未来の驚くべき技術が色々と紹介されています。

カーツワイルによれば、図1-5で表された処理速度の加速度的な進歩に加えて、「GNR革命」がシンギュラリティの到来を可能にします。Gは遺伝子工学（Genetics）、Nはナノテクノロジー（Nanotechnology）、Rはロボット工学（Robotics）の略です。

Gの発達によって、例えば「人造肉」が可能になります。「人造肉」の技術によって、生きた動物を畜産するのではなく、タンやレバーといったパーツだけを工場で作り出し食肉として供給できるようになり、私たちは牛や豚をあやめることなく、肉を食べられるようになるのです。これが実現すれば、ベジタリアンが焼肉レストランを訪れるようになるでしょう。

ホントかよ！と思いましたか？　この技術、実は既に存在しています。カーツワイルが『シンギュラリティは近い』で未来の技術として人造肉を紹介した2005年の8年後、2013年にシャーレで培養した人造肉を使ったハンバーガーの試食会がロンドンで行われました。

味の方は本物の「肉ほどジューシーではない」ということで今一歩だったようですが、この研究プロジェクトにはグーグルも出資しており、今後味の改善とともに商業用に大量生産できるようになることが期待されています。

また、NとRが発達すると、極小のロボットである「ナノボット」を体内に入れて病気を治療することが可能になります。極小のロボットと言いましたが、ロボットというより人為的に作った精子や白血球のような自律して動く組織体といった方がイメージが湧きやすいかもしれません。

私たちの体には、細菌が入ったら白血球が退治してくれるといった免疫システムがあります。白血球のような役割を果たすナノボットを注射したら、ナノボットは血液中を動き回りこのような免疫システムの働きを高めてくれます。ナノボットがガン細胞を退治したり、動脈硬化を治療したりすることも期待されています。

このような治療法などの医療技術の発達により、「今後15年以内に人間は毎年１年以上寿命を延ばせるようになる[10]」とカーツワイルは述べています。つまり、私たちは後15年ほど生き抜けば、いつまで経っても年齢が寿命に追いつけなくなり、事故死でもしない限り１０００年でも２０００年でも生きることになります。

カーツワイル自身、永遠に生きる気マンマンで、一日に２５０錠ものサプリメントを飲んで健康を維持しつつ、不老不死が可能になる日を待ちわびているそうです（最近１００錠に減らしたらしい）。

不老不死の技術は絵空ごとのように思えますが、最先端の研究にその萌芽くらいは現れています。例えば、2歳のハツカネズミの細胞にNADという化合物を注入することによって、生後6ヶ月相当に若返らせることが可能です。これは人間でいうと60歳のオバチャンが20歳のギャルに若返るようなものです。

このように絵空事のようにも見えるカーツワイルの未来予測は、各分野の先端的な研究の成果に基づいています。そのため、パイロット的（試験的）な技術は既に存在していたり、予測から数年後には現実に実用化されたりしています。私たちは既に、一歩も二歩もSF的な世界に足を踏み入れているのです。

人間の意識はコンピュータにアップロードできるか？

「マインド・アップローディング」は、カーツワイルが取り上げている技術の中でもとりわけSFめいたものです。これは人間の意識をコンピュータ上に移し入れるというようなことです。

シンギュラリティをテーマにした映画『トランセンデンス』では、まさにこの技術が描かれています。AIを研究する主人公ウィル（ジョニー・デップ）は、ネオ・ラッダイト的なテロリストに撃たれますが、死の間際、妻によって意識をコンピュータ上にアップロードされます。

カーツワイルは遅くとも2030年代後半には、このようなアップロードが可能になると予測しています。ナノボットを使って人の脳の特徴を内側からくまなくスキャンして得られたデータを基に、その脳をコンピュータ上に再現します。そうすると、その人の記憶、人格、発想などの全てがコンピュータ上にアップロードされます。

こうしてできあがったヴァーチャルな頭脳にヴァーチャルな身体が与えられれば、私たちのリアルな身体が死んでも、精神はコンピュータ上で死なずに生き続けることが可能になります。

カーツワイルは、マインド・アップローディングが可能になる日までなんとかして今の生身の肉体で持ちこたえて、ゆくゆくはコンピュータの中で永遠に生きられるようになりたいと願っているようです。

この辺りから私の保守的な頭は、カーツワイルの先鋭的な考えについていけなくなります。確かに、今後の科学技術の発達次第では、ある人の脳の神経系のネットワーク構造をそっくりコンピュータ上のソフトウェアとして再現できるようになり、それが元の人と同様の知的な精神活動を営めるようになる可能性は否定できません。

人間の脳内には、約1000億個のニューロン（神経細胞）があり、ニューロン同士は約100兆個のシナプスによって接続されシグナルを伝達し合っています。このような複雑な人間の神経系の全てをスキャンすることは物量的に相当困難でしょうが、原理的に不可能ではありません。

そのようにして、コンピュータ上に人間の脳とそっくりなソフトウェアを再現する技術は、「全脳エミュレーション」と呼ばれています。

第2章でまた述べますが、ヨーロッパの「ヒューマン・ブレイン・プロジェクト」とアメリカの「ブレイン・イニシアチブ」といった巨大プロジェクトは、それぞれの方法で脳の全容を解明し、統合失調症といった精神的な病やアルツハイマー病の原因を突き止めようとしています。

これらのプロジェクトを足がかりにすれば、全脳エミュレーションの方式を用いて、人間と全く同じような知的振る舞いをするAIが開発できるのではないかという期待が持たれています。

しかし、それでもマインド・アップローディングは簡単な話ではなく、この言葉にはコンピュータ上に脳のコピーを作るというだけでなく、意識をコンピュータに移し入れるという意味合いも含まれており、哲学的な問題が付きまとっています[11]。

コンピュータ上に私の神経系が再現されたところで、それは私の双子のようなコピーができただけであって、私の意識がそちらに移ったことにならないのではないかとも考えられます。

人間の意識はその身体の物質性に依拠しているという考え方を、モラヴェックは「身体本性論」と名付けました。そうではなく人間の意識は物質性から解き放たれた「パターン」によって生じているという考え方を「パターン本性論」と名付けました。後者に基づけば、私の神経系のネットワーク構造と同じパターンがソフトウェアとして存在していれば、私の意識はそこにも存在することになります。

私はこの問題については守旧派的であり、常識にとらわれた一般市民がより支持しそうな身体本性論の方を正しいと思ってしまいます。私の脳のパターンがどこかのパソコン上に再現されていたとしても、私のこの身体が破壊されてしまえば、私は死ぬしかないというわけです。

意識そのもののコンピュータへのアップロードは、今のところ夢物語にしか思えません。

しかしながら、未来には常識では全く考えられないことが実現する可能性があります。カーツワイルは、『ハリー・ポッター』に出てくる魔法は、未来のテクノロジーによって全て現実のものになると言っています。AIの叛乱が描かれたSF小説『2001年宇宙の旅』の作者であるアーサー・C・クラークも、「十分に発達したテクノロジーは魔法と区別がつかない」と述べています。

中世の人から見たら、私たちはリモコンでテレビを操作したり、ジェット機に乗って空を飛んだりして、魔法の世界にいるみたいです。したがって、現在の私たちから見て意識のコンピュータへのアップロードが魔法のようなことであっても、それが未来に実現しないとは言い切れないでしょう。

SFから現実へ

未来のことは誰にとっても不確実です。カーツワイルの主張に対し学者として私がとるべき態度は、宗教的に熱狂することでも、「トンデモ」などと言ってその可能性を全否定することでもないと思っています。

学者の中には、自分自身が胡散臭く見られないようにと、シンギュラリティの到来を真っ向から全否定する人が見受けられますが、それは単なる保身であって、十分な根拠もなく否定することは科学的な態度ではありません。

確かに、シンギュラリティの概念はファンタジックでSFめいていますが、その一方で、近年現実の問題として考えられるようにもなってきています。

カーツワイルは2008年に「シンギュラリティ大学」という教育機関を設立していま す。これは正式な大学というわけではなく、シンギュラリティに向けて加速度的に発達する技術を用いて人類が直面する問題を解決できる人材を育てるための機関です。

グーグルはシンギュラリティ大学に出資しており、カーツワイル自身も2012年末にグーグルに雇用されています。グーグルの幹部陣はシンギュラリティを意識しているし、ひょっとすると自分たちこそシンギュラリティを引き起こすという使命感を持っているかもしれません。

日本では2014年末に設立された「ドワンゴ人工知能研究所」が、シンギュラリティを念頭におきつつ、AIの研究開発を開始しています。

元経済産業副大臣の山際大志郎氏は、その著書『人工知能と産業・社会』の中で、「ディープラーニング」というAIの新しい技術の出現によって、「シンギュラリティへと続く可能性の扉」が既に開かれたのではないかと言っています。「ディープラーニング」については第2章で説明します。

総務省は、2015年の2月から6月までシンギュラリティに関連する研究会を5回ほど催しました。正式には「インテリジェント化が加速するICTの未来像に関する研究会」と言います。「ICT」とは、情報・通信技術（Information and Communication Technology）のことです。

この研究会には、株式会社カドカワ・ドワンゴ社長の川上量生《のぶお》氏、AI研究の第一人者である東京大学の松尾豊准教授、日本のインターネットの父と言われる慶應大学の村井純教授、元日本銀行副総裁の岩田一政《かずまさ》氏といった著名人が参加していました。

そこでは、ビッグデータ、AI、ロボットなどの技術の発達がどのように社会を変えていくかが話し合われました。シンギュラリティに関連して、未来において人類と機械は対立するのか融和するのかといった議論があり、マインド・アップローディングについても意見が交わされました。

「インテリジェント化が加速するICTの未来像に関する研究会」を後継する形で2016年2月からは総務省が「AIネットワーク化検討会議」を開催していますが、私もその会議に参加しています。

私も、そうした官庁系の幾つかの会議で、技術的失業や機械の叛乱・暴走といったＡＩの発達が経済や社会にもたらす影響について、他の学者や官僚の人たちと議論しています。その中でシンギュラリティが話題に上がることもあります。

シンギュラリティは訪れるか？

学者や官僚の人たちのシンギュラリティに対する見方は様々です。ここでは、私の考えを簡単に述べておきましょう。

仮に、ＡＩの発達によって経済や社会のあり方が抜本的に変革されることをシンギュラリティと呼ぶならば、２０４５年までにそれは起きる可能性があると思います。とはいうものの、私はカーツワイルやその他の論者がいうようなシンギュラリティが２０４５年辺りに起きると展望しているわけではありません。シンギュラリティの意味するところは論者によって様々ですが、

（１）　ＡＩが人間の知性を超える

（2） AIが自らAIを生み出すことによって知能爆発が起きる
（3） AIが人間に代わって世界の覇権を握る
（4） 人間がコンピュータと融合することによってポストヒューマンになる

といった4点に集約できるかと思います。カーツワイル以前にシンギュラリティについて論じたヴィンジとモラヴェックが強調しているのは（1）、（2）、（3）で、カーツワイルは（1）と（4）です。悲観論者は（3）を選び、楽観論者は（4）を選ぶ傾向にあります。

いずれにしても（1）は共通しています。しかし、私は「2045年までにAIが人間の知性を超える」という点について懐疑的です。チェスや将棋の技能、知識量、計算速度、物体の認識能力などでは人間は全く及ばなくなるでしょうが、それらは知性の全てではありません。

AIが知性の多くの分野で人間を超える可能性はあります。しかし、知性の「大部分を超える」というのと「全てを超える」というのでは、天と地ほどの違いがあります。重要な点について人類が機械に負けなければ、機械は人類の利便性を改善するための装置であり続け、両者の基本的な関係は今と変わることがないでしょう。

アメリカのジャーナリストであるジェイムズ・バラットはその著書『人工知能――人類最悪にして最後の発明』で、普通の人間の１０００倍賢い人間のさらに１０００倍以上賢いＡＩという言い方をしています。しかし、何をもって１０００倍というのでしょうか。知性を一体どんなモノサシで測るべきなのでしょうか。知識量が１０００倍であるがゆえに、コンピュータが人間のクイズ王に圧勝したところで、人間の知性を全て上回ったことにならないでしょう。

ＡＩの知能指数がたとえ1万になったとしても、ＡＩが人間に代わって世界の覇権を握れるような知性を得たことにはならないでしょう。それはレーシングカーが人間の１００倍速く走ったところで、レーシングカーが人間を支配したりしないのと同様です。

ＡＩが人間の知性の全てを超えるならば、人間ごときが２０４５年の経済問題について、くよくよ悩んでも仕方ないようにも思えます。しかし、次章でじっくり論じるように、全てを機械任せにすることができない程度にしかＡＩは発達しないだろうと私は未来を占っています。

コンピュータの処理速度が図1–5のように進歩するかどうかも不確かですが、たとえハードウェア的進歩がそのように順調であったとしても、ＡＩというソフトウェアが人間を超えるようになるかどうかは別問題です。

逆に、ＡＩが大した発達を見せずに、２０４５年になっても経済が今と代わり映えのない姿のままであるとも思っていません。この度のＡＩブームはそろそろ潰えてしまうかもしれません。しかし、そんなブームとは関係なくＡＩは絶え間なく発達を続けるでしょう。

それに、私が問題にしているのはもっと息の長い話です。２０３０年くらいになってようやくのこと、近頃始まったＡＩに関する一連の研究開発が大きく実を結ぶと思っています。そうであれば、それからさらに15年後の２０４５年の経済は今とは様変わりしているはずです。私が論じたいのはそのような経済の大変動なのです。

第2章

人工知能はどのように進化するか？

思索する力を高めるという研究が、なぜこんな実務的な機械を使って進められているのか、あなたはきっと不審に思ったことだろう。だが、この機械がどれほど役に立つかは、すぐに広く世間に知られることとなるにちがいない

ジョナサン・スウィフト『ガリバー旅行記』角川文庫

前章では、AIの発達につれて近頃懸念を増してきた機械の叛乱や技術的失業といった問題を紹介しました。しかし、そもそもAIはそのような問題を深刻化させるほどに発達するのでしょうか？

AIの発達は未来において経済成長や雇用にどのような影響を与えるかを考えることが本書の主題です。そのためには、AIの技術が今どのような水準にあり、今後どの方向にどの程度発達するのかを見定めておく必要があります。

本章ではまず20世紀のAIについて簡単に触れ、それから21世紀に入ってからのAIについて少し掘り下げて説明します。特に、近頃脚光を浴びることの多い「ディープラーニング」という技術について紹介し、続いてその先に研究者が実現を夢見ている汎用人工知能の正体を明らかにします。

さらに、2030〜2045年頃の汎用人工知能によってどこまで人間の行う知的振舞いを代替できるかについて論じます。そういった議論を通じて、クリエイティブな仕事を中心に人間にしかできない営みが少しは残るだろうという予測を導きます。この結論は後の章でAIが雇用や経済成長に与える影響を考えるための材料となります。

第五世代コンピュータの失敗

ＡＩを否定的に論じる際にしばしば、「第五世代コンピュータ」がやり玉に挙げられます。これは、通商産業省（通産省、現経済産業省）によって主導された巨大プロジェクトです。１９８２年に始まり５７０億円が費やされた挙句、１９９２年にさしたる実用的成果を生み出すことなく終了し、その後ＡＩ研究は長い停滞期に入りました。

当時、ＩＢＭなどの大型汎用コンピュータが「第四世代コンピュータ」と呼ばれていたので、その先をいく新世代のコンピュータを研究開発するという意味でこのプロジェクトは「第五世代コンピュータ」と命名されました。

そこでは、大きな目標が掲げられ、人間のように思考することのできるＡＩが目指されていました。ところが、「第五世代コンピュータ」プロジェクトは人間のように思考するどころか、「かな漢字変換」の性能の向上以外には、目立った実用的な成果を出せずに終わっています。

第五世代コンピュータの失敗が尾を引いて、ＡＩは役に立たない技術と考える関係者が未だに少なくありません。しかし、今のＡＩ研究の方向性は、その頃のものとは全く異なっています。

単純化して言うと、20世紀のＡＩ研究で主に目指されていたのは、記号を処理することや人間の論理的思考を再現すること（論理的アプローチ）です。それに対し、21世紀になってからの先端的なＡＩ研究で目指されているのは、人間の直感的思考を再現することや視覚・聴覚情報などを処理することです。

確率・統計的なアプローチ

21世紀に入り（正確には１９９０年代後半以降）、20世紀の論理的アプローチに代わって「確率・統計的なアプローチ」がＡＩ研究の主流となり、実用的な技術が次々と生まれました。

例えば、アマゾンには書籍を薦めてくる「レコメンド・システム」という仕組みがあります。これは自分と似たような買い物をしている他のユーザ（自分の購買履歴と相関が高い他のユーザ）が購入した商品をレコメンド（推薦）するような技術である「協調フィルタリング」を用いています。

その基本的な仕組みはごく簡単な確率・統計に基づいており、論理的推論を行っているわけではありません。こんなものをAIと呼ぶべきではないという人もいますが、人間に代わって知的な処理をするという意味で、ここではAIの一種と見なします。

「確率・統計的なアプローチ」は、必ずしも人間の知的振る舞いを直接的に模倣しようとしているわけではありませんが、結果として人間の直感的思考に相通ずる面を持っています。

例えば、自分と音楽の趣味が似た人がいたとします。そうしたら、その人の好きな曲で自分が聞いていない曲があったら聞いてみようと思うでしょう。「協調フィルタリング」というのはまさにそういうことをやっています。自分と似たような本を買っているユーザがいて、その人が買った本で自分が買っていない本があったら、その本を推薦してきます。「似ている」というのは捉えどころのない曖昧で直感的な判断です。そのような判断は論理的推論に基づくような明確で厳格な判断の対極にあります。人間は、日常生活においてそういった曖昧で直感的な判断を絶えず行っています。パターン認識もまた直感的な判断をコンピュータに行わせる技術の一つです。パターン認識というのは、いくつかのデータから意味のあるパターンを抽出するような処理のことです。

コンピュータにとって、実空間から視覚情報や聴覚情報などのセンスデータを取り入れてパターン認識することは難しいですが、情報空間に既にある数値データやテキストをパターン化することは比較的たやすいです。

ただし、そのためには膨大なデータを処理する必要があります。1990年代にコンピュータの処理速度が向上し、インターネットが普及したため膨大なデータを処理することが可能となり、確率・統計的なアプローチによるデータ分析が盛んになりました。

大量のデータを分析し、意味のある知識を取り出すことを「データマイニング」と言います。大量のデータの方は、近頃「ビッグデータ」という流行り語で呼ばれています。

アメリカのスーパーマーケットの販売データを、コンピュータを用いて統計分析した結果、オムツとともにビールが良く同時に購入されていることが分かったというデータマイニングに関する有名な実例があります。

コンピュータが明らかにしたこのような相関関係に対し理屈を付けるのは、今のところ人間の役割です。お父さんがオムツを買ってくるように頼まれてついでにビールを買うことが多いというのが例えばその理屈です。オムツとビールを並べて陳列したら売上げが増えたとも言われていますが、それはどうやら作り話のようです。データマイニングの有用性を訴える際に良く持ち出される一種の都市伝説です。

データマイニングの中でも数値データではなくテキストデータを情報処理の対象にする技術は特に、「テキストマイニング」と呼ばれています。自由記述のアンケートから頻出する単語を抽出しどのような意見の傾向があるかを調べたり、ツイッターに書き込まれた膨大なつぶやきを分析して株価の上がり下がりを予測するといったことに利用されています。

近頃は、SNSに大量のテキストデータがあるので、テキストマイニングが盛んに行われています。ちなみに、私は経済学を学んでいた大学院生の頃、別の大学の非常勤講師として1年ほど、テキストマイニングについて教えていたことがあります。新聞記事に頻出する用語を抽出して、各記事を政治、経済、文化などのジャンルに分類するプログラムなどを学生に作らせていました。

データマイニングやテキストマイニングは、統計的なアプローチの他に「ニューラルネットワーク」が用いられる場合もあります。「ニューラルネットワーク」は、脳の神経系を模した数学モデルないしプログラムで、例えば図2-1のような構造を持っています。○の部分は「ユニット」と呼ばれ、○と○を繋ぐ線は「リンク」と呼ばれます。ユニットが現実の脳のニューロン（神経細胞）に相当し、リンクがシナプスに相当します。

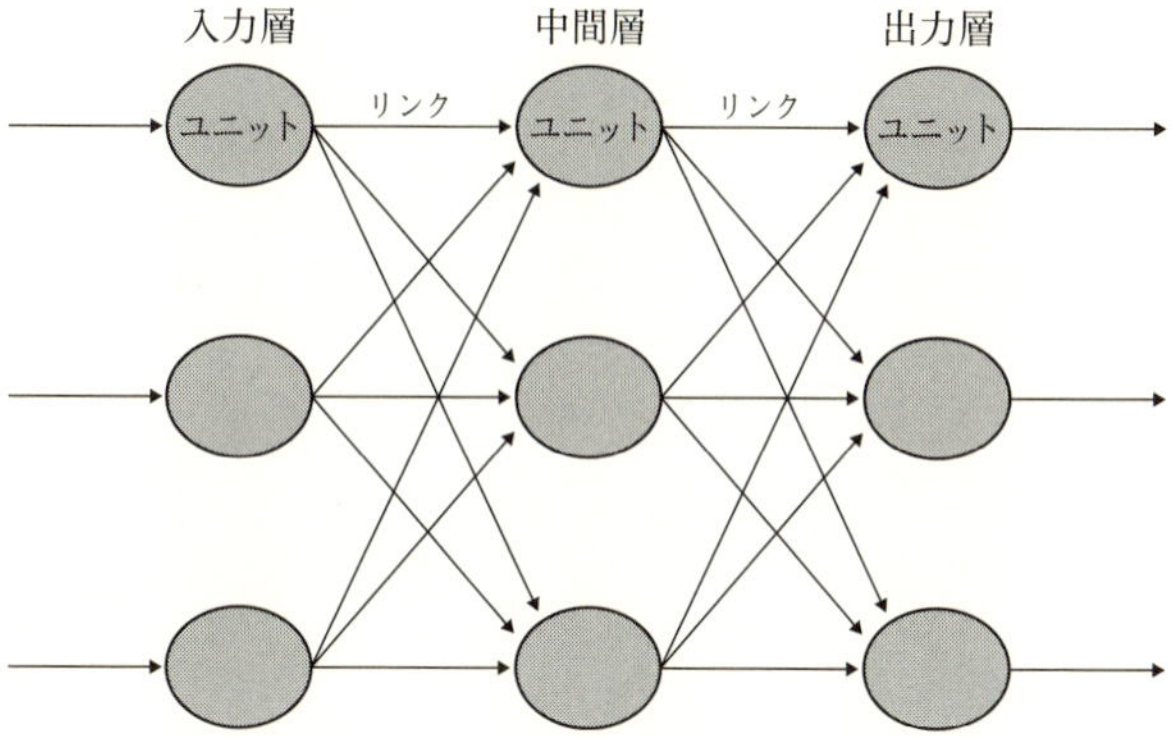

図 2-1　ニューラルネットワーク

ディープラーニングによるブレイクスルー

以上のように、確率・統計的な手法やニューラルネットワークによって、情報空間にあるデータから意味のある知識を取り出すことができますが、実空間から得られる視覚情報や聴覚情報などのセンスデータをパターン認識する際にも、これらの技術が用いられます。

20世紀のニューラルネットワークは、物体の「特徴」を人間から教わらないと認識できるようにならないような技術でした。「特徴」というのは猫の画像の場合、長いヒゲが生えているとか、頭に二つの耳があるといったことです。そういった特徴を人間がニューラルネットワークに教え込む必要がありました。

しかし、人間の子供は、成長過程で世界をパターンに切り分けて把握しようとする際に、物体ごとの特徴を、逐一大人に教わることはありません。子供が自ら特徴を見出すことができます。

人間のように世界のあらゆる事象を自分で切り分けてパターンを抽出することができないのであれば、コンピュータには論理的思考でもさせておくしかないという気になってまいります。そのようなわけで、パターン認識は20世紀におけるＡＩ研究の主流にはなり得ませんでした。

ところが、イギリス出身のＡＩ研究者ジェフリー・ヒントンが２００６年に考案した「ディープラーニング」（深層学習）というニューラルネットワークがブレイクスルーを引き起こし、パターン認識は21世紀のＡＩ研究におけるメインストリームになりつつあります。

ディープラーニングは、図2-2のようにレイヤー（階層）が何層にも深くなったニューラルネットワークです。それゆえに、「ディープ」（深層）と呼ばれるわけです。

ディープラーニングは、一般のビジネスマンも興味を覚えるほど脚光を浴び、今日のＡＩブームの火付け役になっています。なぜでしょうか？

単にディープラーニングによってパターン認識の精度があがったからというだけでなく、

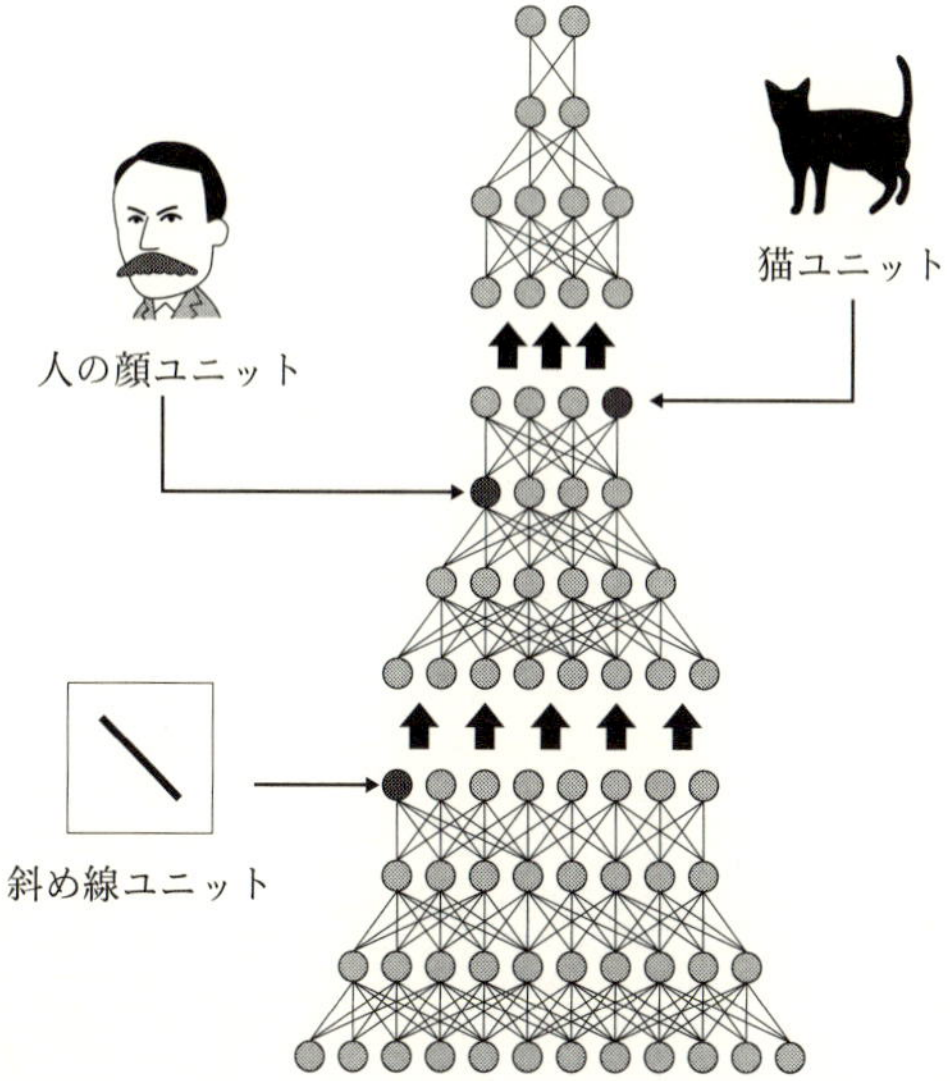

Forbes 記事「What Is Deep Learning And How Is It Useful ?」を基に作成

図 2-2　ディープラーニング

コンピュータが人間に教わることなく物体の特徴を見出すことができるようになったからです。それによってコンピュータは人間のように、自ら視覚情報を切り分けて物体のパターンを獲得できるようになりました。

ディープラーニングの成果

2012年に、グーグル社の研究グループが開発したプログラム「グーグルブレイン」(Google brain) は、人間に特徴を教わることなく猫の顔のパターンを獲得したことで話題になりました。

研究グループはディープラーニングを用いたこのプログラムに、ユーチューブの動画からランダムに選ばれた画像1000万枚を読み込ませました。画像には、猫の顔とか人間の顔とか色々なものが写っています。

グーグルブレインは、図2-2のように、画像の中から猫の顔に共通する特徴や人間の顔に共通する特徴を自ら抽出しました。下のレイヤーでは、「縦の線」や「斜めの線」などのエッジ（輪郭を構成する縁の部分）が抽出されます。

より上のレイヤーでは、目や鼻などのパーツが抽出されます。さらに上位のレイヤーでは、人の顔のパターンや猫の顔のパターンが得られています。このプログラムに猫の顔の画像を見せると、猫の顔のパターンを表すユニットが反応します。

これは人間の脳に置き換えると、あるニューロンが特定の物体に反応するということになります。ニューラルネットワークのユニットは人間の脳のニューロン（神経細胞）に相当するということを想い起こしてください。

私がグーグルブレインの研究に関する論文を読んでいて面白いと思ったのは、「おばあちゃん細胞」という神経科学の有名な仮説が、この研究に取り組む際のヒントになっているという点です。

この仮説は、脳にはおばあちゃんを見たときにだけ反応するニューロンが存在するというものです。そして、研究の狙い通りに猫にだけ反応する「猫ユニット」や人の顔にだけ反応する「人の顔ユニット」がニューラルネットワーク上に現れたというわけです。

このようにグーグルブレインは、どの特徴に注目して良いのかを人間に教わることなく、猫の顔のパターンを獲得することに成功しました。これまで、生命だけが自ら世界を切り分け認識する存在でしたが、ディープラーニングによって機械もまた森羅万象からパターンを見出し、世界を切り分け認識する存在となったことを意味します。

人間がいちいち認識対象となる物体の特徴を教えなければいけないのであれば、人間の知らぬ間にＡＩが驚異的に賢くなるなどということは起きそうにありません。

ところが、ディープラーニング出現後のこれからのＡＩは人間に物体の特徴を教わる必要がないので、勝手に幾らでも賢くなっていく可能性があります。

現在、ディープラーニングの応用範囲も急速に広がっていっています。スカイプはディープラーニングを用いた英語・スペイン語間の通訳サービスを提供しています。簡単な会話であればかなりの性能を発揮しており、今後、商談や学術的な議論などの込み入った会話が通訳できるようになることが期待されています。

グーグル社は画像に注釈を付けることができるソフトウェアを開発しており、このソフトウェアもディープラーニングに基づいています。このソフトウェアに例えば、泥道をバイクで走る人の映っている画像をインプットすると「泥道をバイクで走る人」といったテキストを生成します。これは、視覚情報を言葉にする人間の知性を再現するＡＩであると言うことができます。

ディープラーニングの応用として私が最も驚異に思ったのは、「ＤＱＮ」(Deep Q-network）というゲームをするプログラムです。グーグル社に買収されたディープマインド社が開発したこのプログラムは、ディープラーニングに基づいており、ブロック崩しやピンボール、インベーダーといった昔流行った49個の簡単なゲームをプレイします。

ＤＱＮは、人間からそれぞれのゲームのルールを教わっていません。ただ、ゲームの画面がインプットとして与えられ、ゲームのスコア（点数）がＡＩが最大化すべき値（価値関数）として設定されているだけです。

ＤＱＮはこのような設定だけでプレイの仕方をマスターしてしまい、49個のゲームの内29個では人間のプロプレイヤーと同等レベルかそれ以上のスコアを叩き出しました。

ＤＱＮは自分で画面を見て試行錯誤しながら、スコアを増やすコツをつかんでいきます。人間は明確にルールを教えられなくても、なんとなく直感的に物事のやり方を体得することができます。コンピュータは遂に、以前には苦手だとされていたそのような「なんとなく」の感覚を身につけることができるようになったのです。

ＤＱＮを改良することで、様々な課題に取り組むことができる汎用性の高いＡＩの開発に繋がっていくものと思われます。未来に人間の仕事を根こそぎ奪うＡＩがあるとすれば、それはＤＱＮの子供かもしれません。

なお、囲碁ＡＩの「アルファ碁」は、ＤＱＮと同じくディープマインド社によって開発されたもので、ＤＱＮの技術[12]が応用されています。ＤＱＮの子供は、既に人間の知性を脅かし始めているというわけです。

このように、ＡＩはディープラーニングという新しい技術を用いることによって、これまで難しかった様々な課題をこなせるようになってきています。近年、シンギュラリティの到来を期待したり心配したりする人々が急激に増えてきた主な理由の一つとして、ディープラーニングがＡＩの新たな可能性の扉を開いたことが挙げられます。

言語の壁

東京大学の松尾豊准教授は、ディープラーニングの出現によって「特徴表現獲得の壁」というＡＩの研究開発における大きな壁が乗り越えられたと言っています。ＡＩが自ら特徴を見出すことができるようになったということです。ここから一気に人間並みに知性を働かすことのできるＡＩが実現するのでしょうか？

この点に関するＡＩ研究者の意見を集約すると、今後のＡＩ技術発展の道のりには「言語の壁」が立ちはだかっていると言えそうです[13]。ただし、この壁を大きく見積もるか小さく見積もるかは、ＡＩ研究者によって異なっています。

言語は人間に特有の高度な道具であって、ＡＩが言語を使いこなすには幾つかの困難が伴います。ＡＩが意味も分からずに、小説や論文を書くことは今でもあり得ます。

学生がレポートを書くにあたって、内容を理解することなく、ウィキペディアなどに載っている文章を自分なりの言葉に言い換えただけで済ませてしまうことがありますが、それと同様のことは今のＡＩでも難しくありません。

アメリカでは既にＡＩのスポーツライターが活躍しています。「ワードスミス」というソフトウェアは、データを読み込ませると、どこのチームが何対何で勝ったなどという文章を生成することができます。

しかしながら、ワードスミスは自らがつむいでいる言葉の意味を理解しているわけではありません。データを型どおりの文に変換しているだけのことです。AIが言葉の意味を理解せずに、独創的な小説や論文を作ることは難しいでしょう。

2016年3月に、AIの書いた小説が「星新一賞」という文学賞の一次審査を突破したというニュースが世を沸かしました。しかし、この小説は、製作に人間が関与している上に、それほどオリジナリティがある文体を成しているわけではなさそうです。

AIが視覚情報から猫の顔などのパターンを自ら獲得できたことは大きな一歩です。しかし、人間は視覚情報や聴覚情報などのセンスデータとは直接結びついていない「自由」「権利」「所有」「市場」といった抽象概念を使いこなすこともできます。

「猫」や「ご飯」などが幼児でも使っている「低次の概念」であるとするならば、「自由」や「権利」はもう少し大人にならないと使いこなせない「高次の概念」であると言えます。「低次の概念」の理解を積み上げていくことで「高次の概念」の理解に到達できるかどうか？

「自由」とは「自分の意のままに振る舞うことができること」（大辞泉）であるというよ

うに辞書的な意味をＡＩに覚えこませることはそれほど難しくありません。しかし、そのような古典的なＡＩのアプローチでは「自由」という言葉の意味をＡＩが獲得したことにはならないし、それゆえにこの言葉を自在に使いこなせるようにはなりません。あくまでも、イメージから獲得した低次の概念を積み上げる形で高次の概念を扱えるようにすべきです。

イメージといっても視覚だけでなく、聴覚や触覚などの多様な情報がＡＩにインプットされる必要があります。のみならず、ＡＩが身体を持ちロボットとして実空間に対して働きかけなければ、高次な概念の獲得は難しいかもしれません。

例えばロボットは、身体を拘束されるような「不自由」の経験を通じてこそ、「自由」の概念を獲得できるようになるとも考えられます。ＡＩ・ロボット研究者の立命館大学・谷口忠大《ただひろ》准教授は、ロボットが感覚器や運動器によって得られる経験から概念を獲得するようなＡＩのアプローチを「記号創発ロボティクス」と呼んでいます(14)。

このアプローチによって、ＡＩが高次の概念を獲得することができるようになるかもしれません。そうなって初めて、ＡＩは意味をちゃんと理解した上で自動翻訳や自動通訳を行うことができるようになると考えられます。

汎用ＡＩの世界的な開発競争

先進的なＡＩ研究者が言語の壁を乗り越えた先に夢見ているのは「汎用人工知能」（汎用ＡＩ）の実現です。「汎用ＡＩ」は、人間に可能な知的な振る舞いを一通りこなすことのできるＡＩです。もう少し正確にいうと、それは必ずしも人間と同じように振舞う必要はありません。汎用ＡＩは、あらゆる課題・目的に対応できるようなＡＩです。

今、世の中に存在するＡＩは全て「特化型人工知能」（特化型ＡＩ）です。Siriは音声でiPhoneなどを操作する目的に特化したＡＩで、１９９７年にチェスのチャンピオンを打ち破ったプログラム「ディープ・ブルー」はチェスに特化したＡＩです。

人間は言わば「汎用知能」を持っています。人間は、チェスも指せるし、読書もできるし、他人と会話することもできます。汎用ＡＩは、汎用知能たる人間の頭脳と同じように、様々な状況に応じて考えることのできるソフトウェアです。チェスや将棋もできるし、本の内容や人の会話の理解もできるような頭脳です。汎用ＡＩこそが人工知能と呼ぶに値するものであり、特化型ＡＩは人工知能と呼ぶに値しないと考える研究者もいます。

いずれにしても、ここに来て汎用ＡＩの開発が実現できるのではないかといった機運が生まれてきています。その理由としては、ディープラーニングの出現の他に、コンピュータの処理速度が十分高くなったことや、脳科学が発達してきたことなどが挙げられます。

２０１５年頃から汎用ＡＩの世界的な開発競争が始まっています。世界的に有名なのは、シリコンバレーの起業家ジェフ・ホーキンス率いる「Numenta」（ヌメンタ）社やグーグル配下のディープマインド社です。

ディープマインド社にとって汎用ＡＩの実現こそがゴールであって、ＤＱＮやアルファ碁はそこへと至る長い道のりの通過点にしか過ぎないようです。

良く使われるたとえで、空を飛ぶ機械を作るのに必ずしも鳥を真似る必要はありません。ただ今のところは、人間の脳を真似ることが一番の早道であると考えられています。そのようにして実現するＡＩを「脳型ＡＩ」と言います。

脳型ＡＩを開発する方式はプロジェクトによって様々ですが、ここでは単純化して「全脳エミュレーション」と「全脳アーキテクチャ」の二つに分けて考えようと思います。

「全脳アーキテクチャ」は、新皮質、基底核、海馬などの脳の各部位毎の機能をプログラム（モジュール）として再現し、後で結合する方法をとります。「全脳エミュレーション」は脳の神経系のネットワーク構造の全てを（あるいは脳を分子レベルで全て）スキャンす

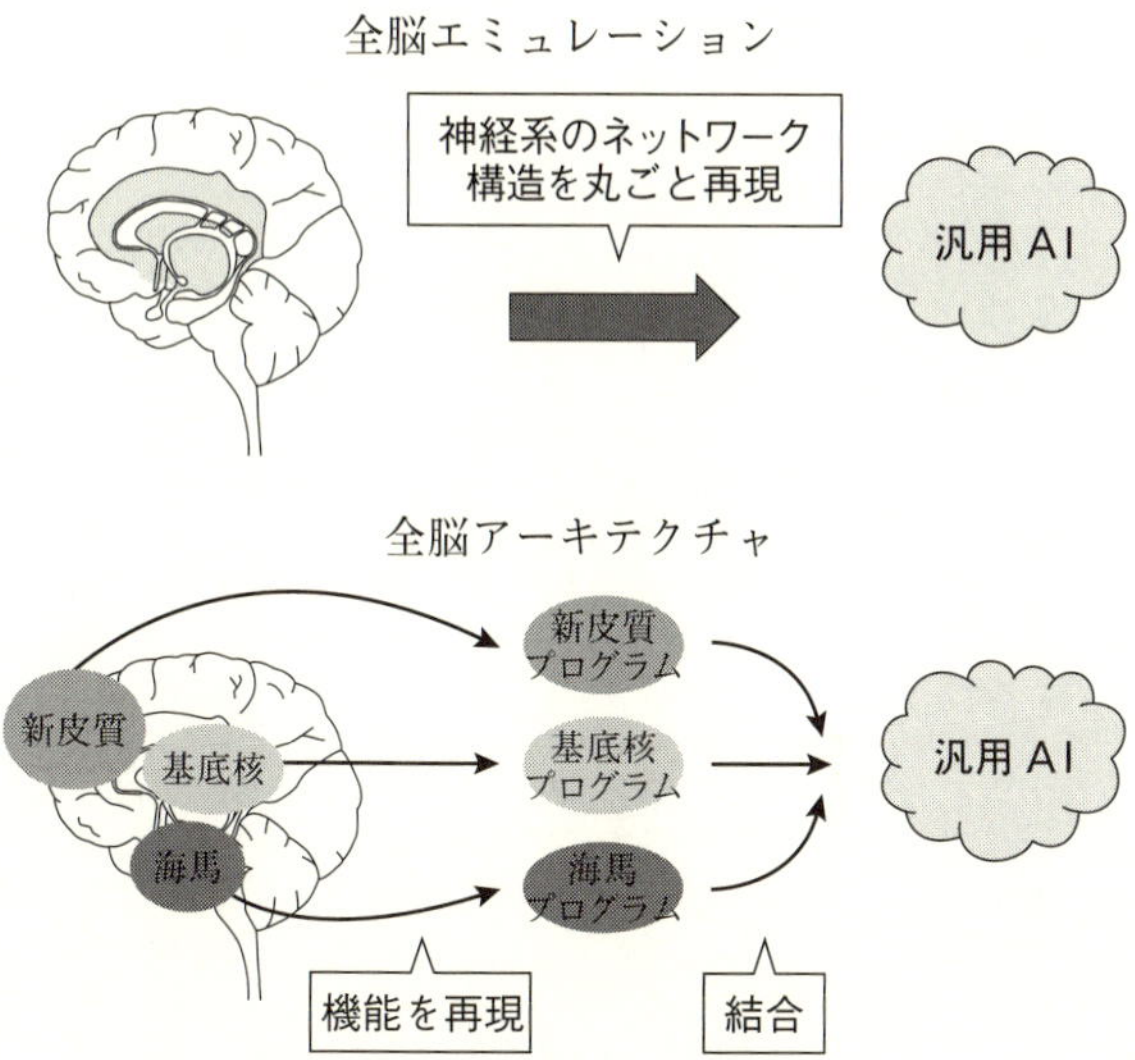

図 2-3　全脳エミュレーションと全脳アーキテクチャ

るなどしてコンピュータ上で再現します。

図2-3のように、脳の機能ごとに人がプログラムを作るか、脳を丸ごとコピーしてしまうかという点が重要な違いです。

マインド・アップローディングの実現手段に、全脳エミュレーションがあります。カーツワイルはナノボットを使って脳をスキャンすることを提唱していますが、それも全脳エミュレーションの一種です。

ヨーロッパの「ヒューマン・ブレイン・プロジェクト」とアメリカの「ブレイン・イニシアチブ」といっ

た巨大プロジェクトは、それぞれの方法で脳の全容を解明し、アルツハイマー病や、統合失調症などの精神的な病の原因を、それぞれ突き止めようとしています。

これらのプロジェクトを足がかりにすれば全脳エミュレーション方式で汎用AIを構築できるのではないかという期待が持たれています。といっても、この方式での汎用AIは簡単には実現しないでしょう。

人間の脳ではなく「C・エレガンス」という線虫の神経系についてならば、全脳エミュレーションは既に実現しています。優雅な名前の付けられたこの生き物に備わる302個のニューロンと6393個のシナプスの全ては完全に明らかにされているわけです。

神経系の全ての配線を表した図面のことを「コネクトーム」（神経回路地図）と言います。C・エレガンスは人類がコネクトームを手に入れることのできた最初で、今のところ唯一の生き物です。

人間の脳に含まれる1000億のニューロンと100兆のシナプスの完全な図面「ヒト・コネクトーム」を手に入れるまでにはかなりの時間が掛かりそうです。人間の遺伝子情報「ヒト・ゲノム」は2003年に解読が終了しましたが、「ヒト・ゲノム」の脳神経系ヴァージョンとも言える「ヒト・コネクトーム」の解読はまだ始まったばかりです。

Ｃ・エレガンスのコネクトームに比べたら「ヒト・コネクトーム」は文字通り桁が違い過ぎます。遅くとも２０３０年代後半には、マインド・アップローディングが可能になるとカーツワイルは予想していますが、ヒト・コネクトームの獲得が困難なので、哲学的な問題を抜きにしてもそれは難しいでしょう。

プリンストン大学教授でコネクトームの第一人者であるセバスチャン・スンは、ヒト・コネクトームを人類が手に入れるのは今世紀末だと予想しています。全脳エミュレーションは、少なくとも今世紀前半に有望なアプローチとは言えないでしょう。

日本が推進する「全脳アーキテクチャ」プロジェクト

全脳アーキテクチャは、全脳エミュレーションとは違って、「ヒト・コネクトーム」を手に入れることよりも、脳の機能を再現することに重きが置かれています。海馬や基底核、新皮質などの脳の各部位毎の機能をプログラムとして再現し、結合する方法をとります。

日本では２０１３年に、その名も「全脳アーキテクチャ」というプロジェクトが、こうした方法で脳型ＡＩを作り出すことを目的にして始動しました。

このプロジェクトは、どの企業、大学、政府機関にも属していません。数ヶ月に一度ほど催される会合では、研究者、ビジネスマン、学生など様々な属性の人々が200人程集まっており、私も時々この会合に出席しています。2015年8月には「全脳アーキテクチャ・イニシアティブ」というNPO法人として組織化されました。

全脳アーキテクチャのアプローチはおよそ日本独自のものでした。しかしながら、2015年にチェコで同様のアプローチのプロジェクト「Good AI」が始動しています。チェコが「ロボット」という言葉を生んだ国であることを想い起こすと、あなどれない競争相手になりそうな気もします。

ディープマインド社もまた全脳アーキテクチャに近いアプローチをとっているようです。ジェフ・ホーキンスのヌメンタ社は、全脳ではなく、理性や知性をつかさどる大脳新皮質の部分だけを汎用AIとして実現しようとしています。

ともあれ、全脳アーキテクチャは、汎用AIを目指す試みとして、全脳エミュレーションよりも有力だと思われます。なぜなら、1000億のニューロンや100兆のシナプスを丸ごと再現する途方もない企てよりも、脳の各部位毎の機能をプログラムで再現して、結合するやり方の方が手取り早く現実的だからです。

「全脳アーキテクチャ・イニシアティブ」の副代表である理化学研究所の高橋恒一《こういち》氏は、

全脳アーキテクチャのアプローチを可能にする条件を、

- 脳はモジュールに分けられる（分解可能性）
- 各モジュールは機械学習器である
- それら機械学習器は組み合わせると機能、知性が創発する

という三つの仮説にまとめています。

機械学習とは、確率統計やニューラルネットワークなどに基づくＡＩが、幾つかのデータを読み込むことで、規則性を抽出したり、物体を認識したりできるようになることを意味します。

脳の中の海馬や新皮質、基底核などの各部位が独立的に機能しているならば、脳はモジュールに分けられることになります。そうであれば、例えば海馬に相当するプログラム、基底核に相当するプログラムなどのそれぞれを同時並行的に開発することができます。

しかし、例えば海馬に相当するプログラムなんかを本当に作れるのでしょうか？　海馬などの脳の各部位が「機械学習器」として考えられるならば、機械学習の技術を応用する

ことによってモジュール毎のプログラムを開発することができます。

さらに、人間の脳がそれらの機械学習器を組み合わることで様々な知性を働かせているのであれば、プログラムの方も組み合わせることで、人間のような知性を発揮できると考えられます。以上のことがクリアできるならば、全脳アーキテクチャの方式で順調に汎用AIの研究開発を進めていけることになります。

このアプローチは、全脳エミュレーションのような力わざとはかなり異なっています。特にカーツワイルがいうような方法で、全脳エミュレーションを実施する場合、脳の各部位のメカニズムを解明する必要はそれほどなく、脳の中身をくまなくナノボットでスキャンして、その神経系のネットワーク構造をデータ化できれば構わないわけです。

それに対し、全脳アーキテクチャでは脳科学や神経科学の知見から学びつつ、各部位の機能を丁寧に機械学習プログラムとして実装していく必要があります。

生命の壁

「全脳アーキテクチャ・イニシアティブ」に属する幾人かの研究者は、今から15年後の2030年くらいには汎用AIが出現しているものと予想しています。私もその予想を支持しますが、全ての知性の面でＡＩが人間並みかそれ以上になるのは難しいだろうと思っています。

前章でも述べましたが、「大部分の知性」と「全ての知性」では天と地ほどの開きがあります。その開きの理由を一言でまとめると、「生命の壁」[15]が立ちはだかっているからです。ＡＩが生きた生命である人間の知能ではないことから生じるディスアドバンテージが存在するということです。「人工知能と自然知能の差が埋まらない」と言い表すこともできます。「自然知能」とは進化の長い過程の末に現れた私たち自身の知能のことです。

文系の人は、「人工知能が自然知能に劣るのは当たり前じゃないか」と思うかもしれません。機械であるコンピュータには、それがどんなに人間の知的振る舞いを模倣できたとしても、生命たる人間には及ばない領域があって、特に人の魂を震わす芸術作品を作り上げることなどできないと考えることでしょう。

しかし、それはそんなに自明なことではありません。理工系の人からは、「脳という実際に作動する物体がここにあって、それと同様に作動する機械を作り出せない理由が全く見当たらない」といった主張をしばしば耳にします。脳の物質性に還元できない魂の働きなど、未開の民が信じる迷信のごときものに過ぎないというわけです。

私が最近参加している官庁系の会議では、文系・理系双方の研究者が集まっており、「AIは創造的な仕事を成し得るか」「AIは意識を持ち得るか」「AIに人間と同じように責任を担わせるべきか」といったことについても議論されていますが、一向にそうした議論は収束する気配がありません。それくらい難しい問題なのです。

ここでは、AIが人間の知性を超えられるかという問いに関する私の暫定的な見解を述べておこうと思います。まず強調しておきたいのは、「全脳エミュレーション方式」か「全脳アーキテクチャ方式」かによって、汎用AIの成し得る振る舞いの範囲は大きく変わってくるということです。

この違いはAI研究者にとってもそれほど意識されていませんが、私はとても重要だと考えています。なぜなら、どちらの方式によって汎用AIを実現するかによって、人間の仕事が全て消滅するか否かという雇用を巡る議論が大きく異なってくるからです。

全脳エミュレーション方式であれば「人工知能と自然知能の差」は原理的にゼロになります。神経系のネットワーク構造が知性の働きの全てを決定付けるのであれば、それを再現したソフトウェアは原理的には人間の脳と全く同じ働きをするはずです。（ただし、後で述べる「身体知」の存在が違いを生み出すかもしれません。）

したがって私は、コンピュータ上のソフトウェアが人間と全く同じような知的振る舞いを成し得るようになる可能性を否定しません。その際、コンピュータが情報処理速度や記憶容量の面で人間を上回っていれば、そのソフトウェアは人間の知的能力を凌駕するでしょう。

しかし、それは全脳エミュレーション方式に限られます。この方式の汎用ＡＩは人工知能と言いながらも、自然の脳をコピーしたものであり、人為的に設計して作成したものではないので自然知能と呼んでも良いくらいです。（したがって以下では、単にＡＩと言った場合に、全脳エミュレーション方式のものは含まないことにします。）このような「コンピュータ上の自然知能」は生命の壁を乗り越えてしまうでしょう。

それに対し、全脳アーキテクチャ方式では、人間の知的振る舞いが脳のどのような作動原理によって成し遂げられているのかを理解し、その理解に基づいて人為的にプログラムを設計して作成します。

ところが、脳の作動原理が分かったからといって、全ての知性が再現できるわけではありません。というのも、私たちの知性は、私たちの持つ無数の欲望や感性と結びついているからです。人間の心に潜む欲望や感性の全てを取り出すことは、現在の技術ではできません。

人間の欲望は、食欲や性欲など生存や繁殖に関わるものに限定されておらず、自殺願望や破滅願望をも含んでおり多方向的です。感性にしても、そよ風が頬を撫でたら心地良いが、強風が吹きつけたら不快であるというように、繊細かつ複雑です。

私が考える「生命の壁」というのは、全脳アーキテクチャ方式の汎用AIは生命ではないので、人間が与えた範囲でしか欲望や感性を持ち得ないということを意味します。

大阪大学の石黒浩《ひろし》教授と言えば、タレントのマツコデラックス氏に似たロボット「マツコロイド」の製作監修者として広く知られていますが、石黒教授が開発した別のロボット「エリカ」は、「褒められたい」「休みたい」という二つの欲望を持っています。

当たり前ですが、それらの欲望は人間の研究開発者が与えたものでしかありません。人間は自身が知っている顕在的な欲望しかAI・ロボットに与えることができません。

ところが、人間の例えば「こんな曲を聴きたい」という欲望は、自分自身にすら分からない潜在的なものでもあり得ます。だからこそ、新しいジャンルの曲に出会ってそのトリコになるということが起こり得るのです。

消費者の購買履歴をビッグデータとして集めたところで、それは顕在化した欲望や感性に過ぎず、私たち自身がまだ知ることのない潜在的な欲望や感性を取り出せるわけではありません。そういった欲望や感性の全てを取り出す方法があるとすれば、それは全脳エミュレーションに類する技術です。

全脳アーキテクチャ方式の汎用ＡＩは、人間の潜在的な欲望や感性を知ることができないので、その分だけ芸術作品を作る際には人間に対しディスアドバンテージが生じてしまいます。

ＡＩはＧ線上のアリアを生み出せるか？

といっても、ＡＩが芸術作品を作れないというわけではありません。ＡＩは既に、バッハに似たような曲を作ることができます。

カリフォルニア大学音楽学部教授のデヴィッド・コープが開発した作曲プログラムの「エミー」は、聴衆がバッハの本当に作った曲と区別できないような曲を生み出すことができます。しかし、それはしょせん真似事に過ぎず、革新的な創作行為とは異なっています。

バッハ自身の曲をインプットせずに、中世・ルネサンス期からバロック期に至るまでのバッハ以前に作られた音楽をインプットし、バッハに類似した曲を生み出すことができれば、その時初めてＡＩがバッハと同等の創造性を持ち得たと言うことができます。

それが可能であるならば、歴史上に存在したあらゆる音楽をインプットすることによって、多くの人々に新規性を感じさせる曲を作ることができる可能性があります。しかしながら、ＡＩにとってそれは困難です。

音楽の好みは人それぞれですが、それでも多くの人々（あるいは少なくても良いのだが複数人）を心地良くさせるメロディやリズムのパターンは確かに存在します。歴史上偉大とされている音楽家はそのようなパターンの発見者であり、偉大な芸術的創作というのは、人間の脳に眠る知られざる感動のパターンを掘り起こす作業であるとも言えます。このような掘り起こしがＡＩに難しいのは、ＡＩは人間と同じ脳を有していないので、人間が何に感動するのかをアプリオリに（先立って）知ることができないからです。

人間は多種多様な欲望や感性を持っているにしても、基本的には似たような脳を持っているので、人間同士である程度の共通性があります。私は、それを「感覚の通有性」と言っています。

人間の作曲家は、新しいメロディが浮かんだ時に、そのメロディが心地良いものであるかどうかを自分の脳に問い合わせることができます。そして、そのようなメロディは他人にとっても心地良いものである可能性が十分にあります。それは人間同士には感覚の通有性が存在するからです。

ＡＩと人間の間には感覚の通有性がアプリオリには存在しません。ＡＩは、新しく思い浮かんだメロディが人間にとって心地良いかどうかを自分の脳に問い合わせながら作曲することができないのです。

ＡＩにできるのは、既に世の中で人気を博している曲と似たような曲は売れるだろうと推測することです。あるいは、過去にヒットした音楽の傾向とＳＮＳからかき集めた人々の心情の傾向を掛け合わせて、これからヒットしそうな曲を予想して作るというようなことです。

同様なことは、音楽ばかりでなく、小説や映画など多くの芸術作品に当てはまります。ただし、俳句や写真、コラージュ・アートのように複雑な構造を作為する必要のない分野は、その限りではありません。ランダムな組み合わせや偶然によっても、人間にとって好ましい新規的な作品が生まれる可能性があるからです。

感覚の通有性の問題は、芸術的創作などといった大層なお仕事ではなく、もっと身近で誰もが務め得る仕事にも関係してきます。

例えば、汎用ＡＩを搭載したロボットが給仕を務めるレストランの店内をネズミが走り回っているとします。実際私は、渋谷で知り合いの女性と食事をしている時に、店内を走り回るネズミを見てその女性がギャーと叫びながら椅子の上に立ちあがるという場面に遭遇したことがあります。このような場面でロボット店員はいかなる判断を下すべきでしょうか。

ゴキブリを見つけたら叩き潰すようにとあらかじめ人間に教えられていたとしても、ネズミが走り回ることは滅多にないので、ネズミについては対処法を教えられていないかもしれません。その場合何も判断できないか、ロボット店員は、ゴキブリからの類推でネズミを叩き潰してしまうかもしれません。

でも、そんなおぞましい光景を目にしてしまったらただでさえネズミが嫌いな私の知り合いの女性は、深刻なトラウマを負ってしまうかもしれません。ネズミを店外に追い出すのが恐らくは最善の策だと思われます。

生きているゴキブリは店内を走り回るより叩き潰される方がマシだけど、生きているネズミだと店内を走り回るより叩き潰される方がもっと不快な気持ちになる。そういう多くの人間に共通する細かい心の機微をロボットが自らの「頭」で理解するのは非常に困難でしょう。人間同士は似たような脳を持っているので、いわば「不快の通有性」がありますが、人間とAIの間にはそれがありません。

それゆえ、たとえロボット店員がマクドナルドや吉野家、サイゼリヤなどに配属される時代が来たとしても、ネズミの発生のような不測の事態に備えて、ロボット店員に的確な指示をし得る人間を一人以上据えておく必要があるかもしれません。そのようなわけで、全脳アーキテクチャ方式の汎用AIが普及しても、店主くらいは生身の人間が担っていることでしょう。あるいは、安さが売りのファストフード店では、ネズミの退治もセルフサービスになっているかもしれません。

ロボットの身体感覚

生命の壁として最も分かりやすく誰でも思いつくのは、AIが人間のような身体を持たないがゆえに「身体知」を持ち得ないということでしょう。「身体知」とは、泳ぎ方とかバットの振り方、バイオリンの弾き方のような、言葉では明示し難い無数の身体感覚に基づいた知識のことです。

全脳エミュレーション方式であっても、脳のみのコピーであって、身体を丸ごとコピーするわけではないので、身体知の獲得は難しいものと思われます。

私たちの脳と身体は神経系で複雑に繋がっており、身体知はそのような総体によって獲得されています。人間は無数の身体感覚を持っており、それがスポーツばかりでなく、学問や芸術、ビジネス、対人サービスにとって必要な技能やひらめきを与えています。ホーキング博士が言うように脳は確かに筋肉ではありませんが、筋肉は脳のように思考に関与しています。

ＡＩがたとえ人工の身体であるロボットに搭載されたとしても、その身体は生命であるところの人間のものとは異なっています。そうであるならば、そのＡＩ・ロボットは人間が獲得しているような身体知を自ら発見し獲得することはできません。

例えば、バットの振り方を人間に教えるコーチの仕事がロボットに務まるでしょうか。ロボットは人間と同じ身体を持っていないので、人間がバットを振っている時の身体感覚を自ら知ることはできません。ロボットは人間とは異なる身体を有しているからです。

人間は多種多様な身体感覚を持っていますが、その感覚は人間同士である程度の共通性があります。このことを「身体感覚の通有性」と呼ぶことができるでしょう。人間とロボットではほとんどこの通有性がありません。

ロボットも、マニュアルにしたがってバットの振り方を人間にコーチすることは可能だと思われますが、マニュアルそのものを作り出すことはできません。また、自分の身体に問い合わせることができないので、マニュアル外のきめ細かなコーチングも難しいでしょう。したがって、ロボットは通り一遍のコーチを務めることができても、名コーチになることはできません。

哲学者でＡＩ研究者の西川アサキ氏は、ロボットにとって最も難しい仕事はヨガのインストラクタだと言っています。ロボットは、どのようなポーズをとったら心地良くなるのかを自分の身体に問い合わせることができないからです。

ロボットなりの心地良さの機能を組み込むこともできますが、その場合でも人間とロボットの間には身体感覚の通有性がないので、ロボットは人間に対し適切なヨガの指導を行い得ないということになります。

ＡＩは将棋盤をひっくり返すか？

感覚の通有性は、さらに発想力の問題にも関わってきます。今でもＡＩ技術を組み込んだソフトウェアは新しいアイディアを発想します。

将棋を指すソフトウェア（将棋ＡＩ）は、今やマシンスペックにモノを言わせて何の創造性もない力技の探索をしているわけではありません。プロ棋士の猿真似をしているだけでもなく、これまでプロ棋士が指したことのない新しい手（新手）を指すことができます。[16]

しかも、最近の将棋ＡＩは、プロ棋士の対戦記録（棋譜）からはもはや学ぶことがなくなり、将棋ＡＩ同士の対戦の棋譜から学習して、新手を編み出すようになってきています。

したがって後数年で、ＡＩ同士の対戦が人間の棋士の域を遥かに超えた「神々の戦い」の域に達することは間違いないでしょう。羽生善治名人といえども将棋ＡＩの足元にも及ばなくなる、そんな時代がすぐにやってくるのです。

しかしながら、一見「人間対コンピュータ」の戦いに見える将棋の対戦も、その本質は「人間対人間」の戦いであると言えます。[17] コンピュータを用いた人間と徒手空拳の人間の戦いであるに過ぎません。

将棋ＡＩが人間を打ち負かしたとしても、コンピュータが人間に勝利したことにはなりません。なぜなら、そうした将棋ＡＩを設計し開発したのは、他ならぬ人間だからです。コンピュータが自分で将棋を指すソフトウェアをプログラミングしたわけではありません。[18]

プログラムがアイディアを発想するといっても、そのプログラムを開発したのは人間であり、その発想の枠組みを設計したのは人間です。そういう意味で、お釈迦様のてのひらの孫悟空のように、未だAIは人間の手の内にあります。

プログラムの発想がゲームで人間を打ち負かしたり、人間を驚かせたりするにしても、その枠組み自体をはみ出すことはありません。

例えば、将棋の対戦で負けそうになった時に、将棋盤をひっくり返してゲームを反故にすることを思い立つ将棋AIは今のところ存在しません。AIに手足がないという以前にそもそもそのような欲望が存在しないからです。発想が欲望に基づいて生み出されるというのが重要な点です。欲望がなければ、将棋盤をひっくり返すというような「飛躍的なアイディア」を発想することができないのです。

AIは、人間によってうまいこと目的（と身体）が与えられれば、将棋盤をひっくり返すことを思い立つようになるかもしれません。しかしその場合でもAIは、そのような目的から外れた行為を思い立つことはありません。

ディープラーニングを用いても同じことで、DQNが発想するのは点数を増やすための工夫だけです。人間が与えた目的を達成するのに必要なこと以外は何も発想しません。それが、生命であるところの人間との違いです。

様々な欲望を自ずと獲得できるようなＡＩが開発できたら、そのようなＡＩは生命的であると言えます。半ば生命の壁が乗り越えられたとも言えますが、その場合、ＡＩの欲望の増長は人間のものとは全然違ったあさっての方向を向いている可能性が高いでしょう。

このようなＡＩが生み出すアイディアは人間にとって意味のあるものにはなりません。ＡＩと人間の間に感覚の通有性が存在しないからです。

発明や発見などのアイディアの発想においても、ＡＩは、芸術的創作と同じ問題に突き当たるというわけです。「人間にとって意味のある飛躍的なアイディア」と「人間にとって心地が良くてかつ画期的なメロディ」はどちらも同じ理由によってＡＩには生み出し難いのです。

このように、全脳アーキテクチャ方式の汎用ＡＩは、生命の壁を乗り越えることが難しく、人間との間に感覚の通有性を持ち得ないために、自ら主導して人間にとって価値のあるような発明・発見、芸術的創作を行うことができません。

しかし、それは何もこのアプローチの欠点というわけではないでしょう。私としては、機械が飛躍的な発想を行って人間の度肝を抜いたり、人間の魂の琴線を震わすような芸術作品を創作することを望んではおりません。それらは、人間の仕事として残しておいていただきたいのです。

全脳エミュレーションの方は国際条約で禁止にして、全脳アーキテクチャ方式でのみAIを開発するようにした方が世界は平和のままでいられるのではないかと思います。

いずれにせよ、21世紀前半に全脳エミュレーションが実現しないならば、少なくともその期間にはクリエイティブな仕事を中心に人間にも成すべきことが残っているでしょう。この点についてはまた、2030年から45年にかけての経済構造の変化を論じる第4章で取り上げたいと思います。

第3章 イノベーション・経済成長・技術的失業

私は、世間では楽観論者ということになっているが、日本の経済自身は、私よりも、もっと驚くべき楽観論者のようである

下村治『日本経済成長論』中公クラシックス

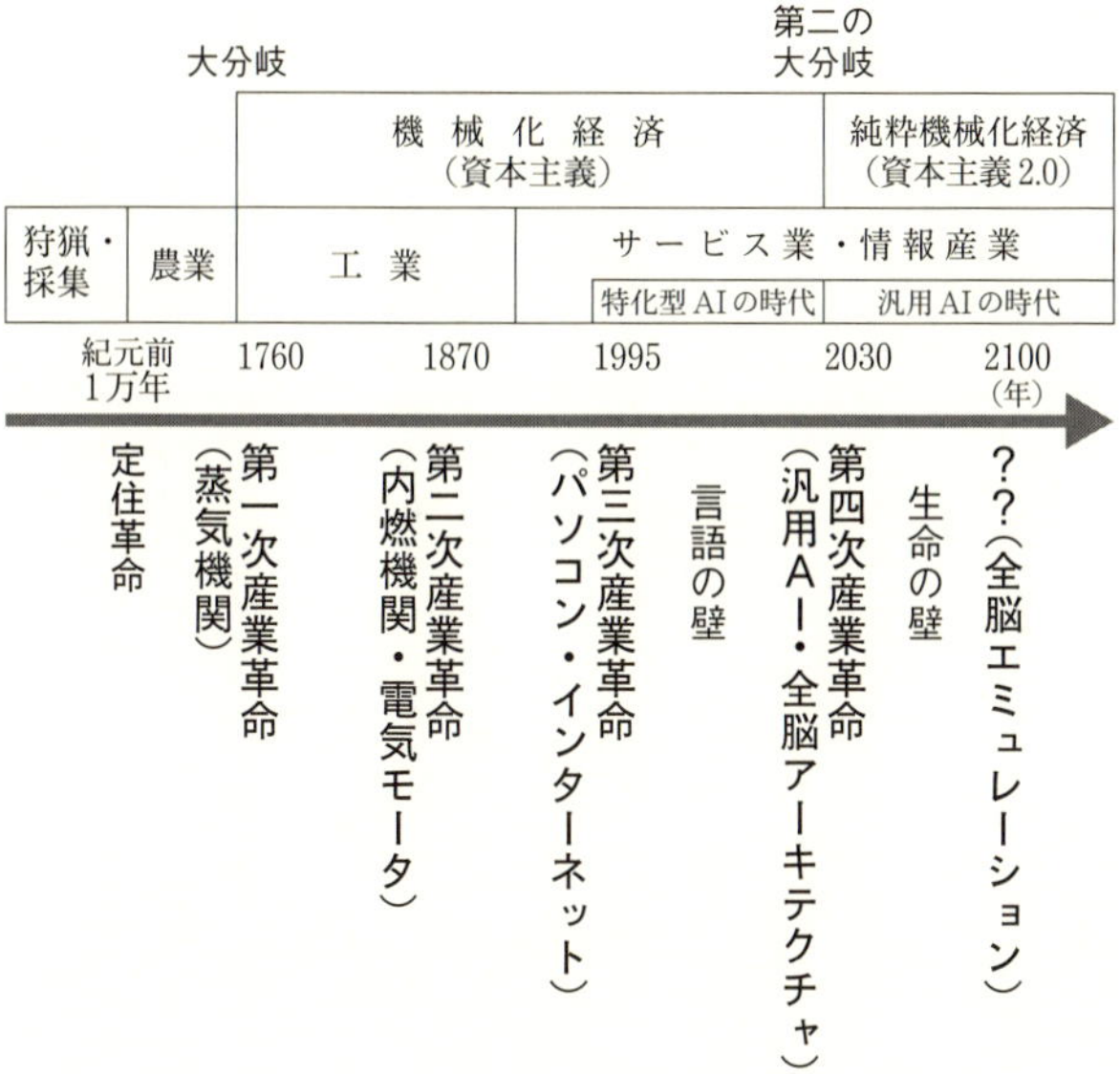

図3-1　経済システムと産業の変遷

前章では、ＡＩの技術がいつどの程度発達するのかという予測を示しました。今一度整理すると、図3－1に表されているように、2030年頃を境にそれ以前を「特化型ＡＩの時代」、それ以降を「汎用ＡＩの時代」と位置づけることができます。

汎用ＡＩは、人間と同様に多くの知的課題をこなすことができますが、21世紀前半には生命の壁を乗り越えられないために、知性の全ての面で人間を凌駕するようにはならないと考えられます。

本章と次章ではこうした予想を基にして、未来のＡＩが経済に与える影響を論じていきたいと思います。本章では特に、２０３０年以前のＡＩである特化型ＡＩがどのように雇用を奪うか、どのように経済成長を促進するかといった点について論じます。

日本は衰退する運命にあるのか？

第１章で見たように、ＡＩの発達は技術的失業や機械の叛乱を引き起こすのではないかと懸念されています。その一方でＡＩは、少子高齢化にともなう人手不足を補うことや経済成長を加速させることが期待されています。

悲観論者は懸念ばかりしており楽観論者は期待ばかりしていますが、私たちはＡＩ発達のメリットとデメリットの両方をバランス良く検討していく必要があります。今の日本には、どちらかというと世の行く末を案じる人の方が多く、たくさんの悲観論が垂れ込めているように見受けられます。

とりわけ年配の人文系知識人が、己の人生の黄昏に重ね合わせるように、「わが国の零落は避けられない！」などと感傷と諦念の想いを込めながら説くような論説が目を引きます。

日本経済は成熟し切っており、少子高齢化の進展とともに衰退するより他ないので、さらなる成長を欲することなく、黄昏れゆく運命を慎ましく受け入れるべきだというわけです。人間、年をとるにしたがって、お金が貯まっていくのとは逆向きに欲望は減じていくので、熟年に至るとこれ以上の物質的豊かさは不要ではないかという心持ちになってきます。したがって、年配の方が「経済成長はもはや不可能だ」とか「経済成長を目指すべきでない」といったいわゆる「反成長論」を唱えたとしても、ご当人のそういった心持ちの分だけ割り引いて拝聴する必要があります。

とはいえ、技術や出生率に劇的な変化が生じない限り、日本経済がいずれゼロ成長に陥るのは避けられません。図3-2は私が人口統計を使ってシミュレーションして予測した未来の経済成長率（実質GDP成長率）です。（2031年にコブがあるのは、丙午《ひのえうま》生まれの世代が退職するためです。）

2030年代後半以降日本の経済成長率は良くて0・1%というあり様でゼロ近辺に陥っています。2020年代後半には早くもゼロ成長時代に突入するという予測もあります。

このようなゼロ成長の原因は少子高齢化に他なりません。

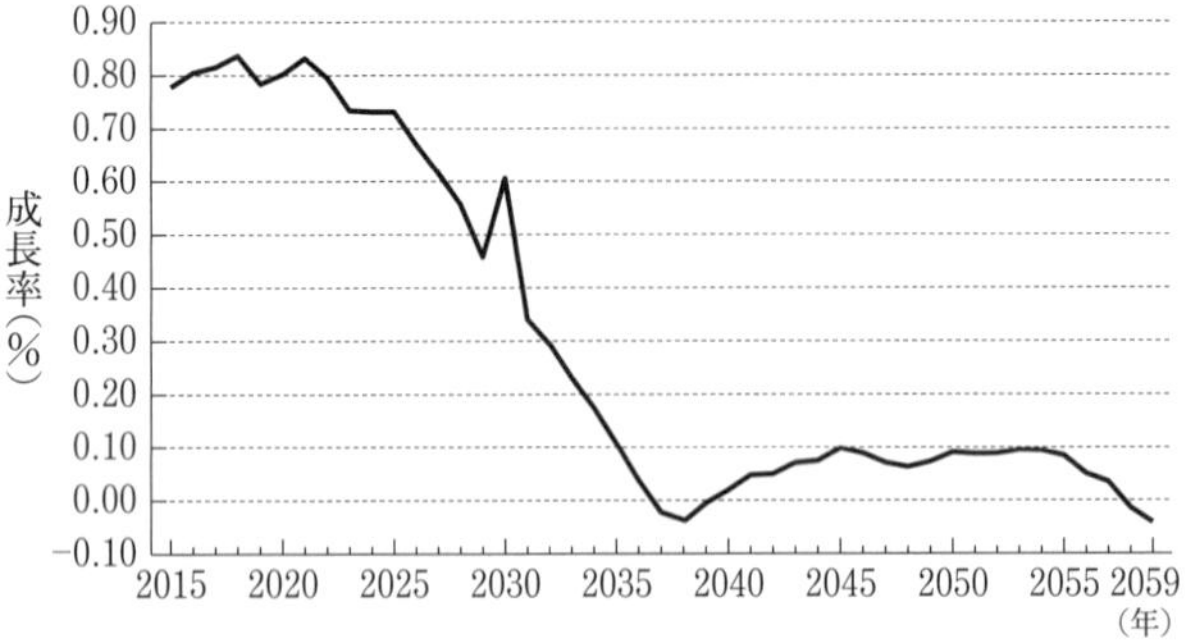

図 3-2　日本の経済成長率の予測

しかし、ＡＩがこれから大きく進歩する技術であるならば、違った未来もあり得ます。ＡＩが、

（１）生産の効率性を向上させる
（２）人間の労働の大部分を代替し経済構造を変革する

という二つの効果を通じて経済成長を促進するからです。

しかし、後で詳しく述べるように、これらの両方ともが技術的失業をもたらす可能性があります。２０３０年以前の特化型ＡＩの時代には主に（１）の効果が現れ、汎用ＡＩの時代には（１）だけでなく（２）の効果も目立った形で現れてくるでしょう。

本章では（１）について、次章では（２）について取り上げます。

(1)のような生産の効率性の向上は、経済学では「技術進歩」と呼ばれています。技術進歩は、経済成長を促進するだけでなく、技術的失業をもたらす可能性があります。

これはＡＩに限った話ではなく、ベルトコンベアであれ電気モータであれ、イノベーション(新しい技術の導入)は、労働力を節約することで生産性を高めるので、労働者を失業させる危険を伴いつつも、経済成長を促進するわけです。

したがって本章では、ＡＩ固有の問題というよりも、イノベーションと経済成長、技術的失業の一般的な関係について論じ、その文脈の中に現在のＡＩ技術の発達を位置づけようと思います。

果実は食べ尽くされたか？

経済学では、技術進歩こそが持続的な経済成長をもたらすと考えられています。現在の中国やインド、あるいは高度経済成長期の日本はキャッチアップの過程にあり、7％や10％といった高い経済成長率が実現しています。

発展途上国では、高い水準の技術を先進国から取り入れるものの、それに見合うだけの

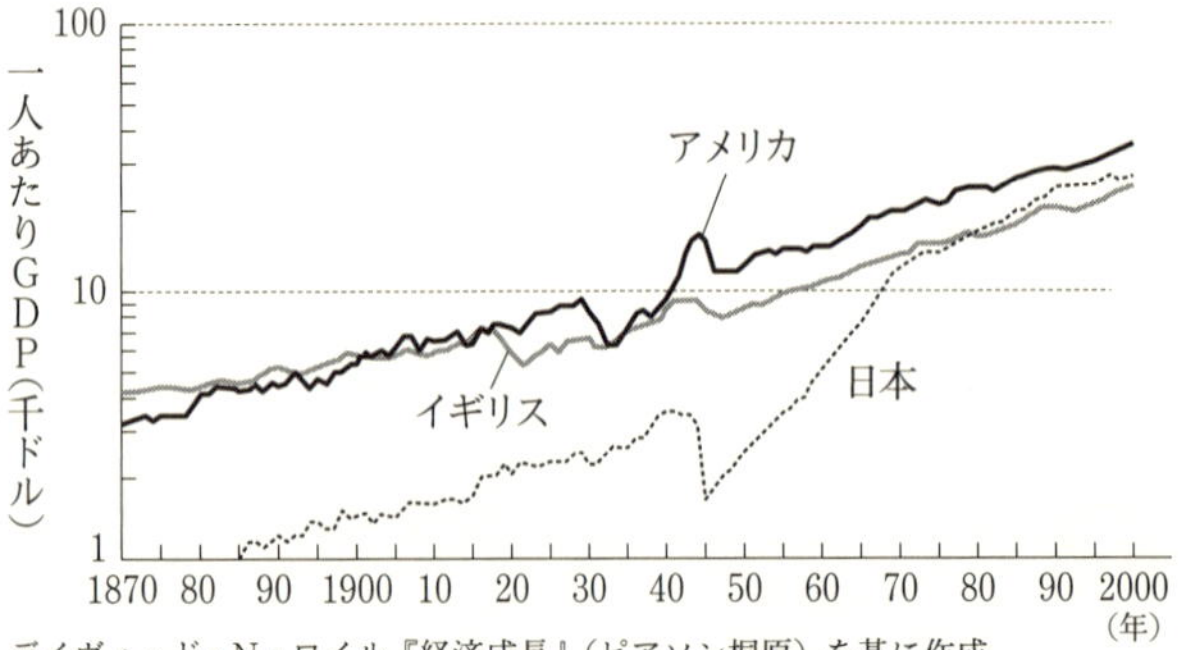

デイヴィッド・N・ワイル『経済成長』（ピアソン桐原）を基に作成

図 3-3　アメリカ・イギリス・日本の一人あたり GDP の推移

「資本」（機械やベルトコンベア、工場などの生産設備）がないので、資本を急速に増大させることで高成長が可能になるのです。しかし、このような成長は超長期的には持続できません。

資本が技術水準に見合うだけの量に到達し、一人あたりＧＤＰが先進国にキャッチアップしたら、高度経済成長は終焉し低成長時代を迎えます。

図３-３のように、日本の一人あたりＧＤＰは、１９４５年辺りに大きく落ち込んでいます。これは、多くの資本、つまり生産設備が空襲によって破壊されたからです。

しかし、そこから資本を増大させることで急速に一人あたりＧＤＰの追い上げを図っており、１９７０年代にイギリスに肩を並べるようになるとたちまち経済成長の勢いは鈍化しています。

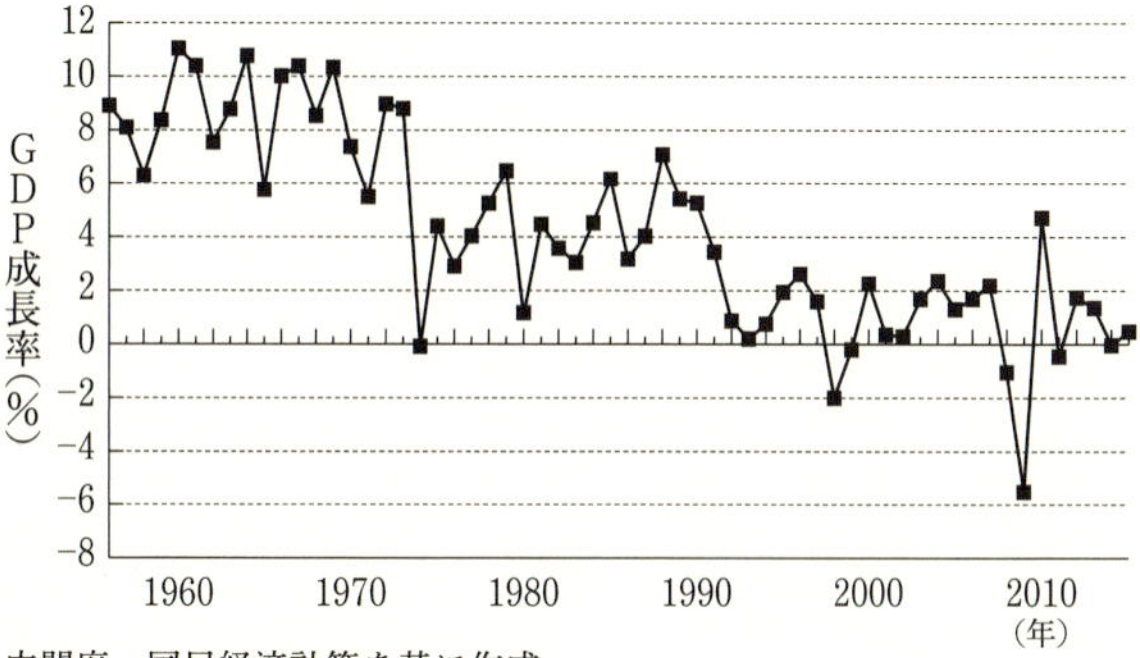

内閣府・国民経済計算を基に作成

図3–4　日本の実質GDP成長率の推移

生産技術が劇的に変化しない限り、中国でもインドでもいずれ、１９７０年代以降の日本と同様に、経済成長率が徐々に低下し、その果てに２％前後の成長率に収束していくことになります。

日本経済はこの20年間で平均１％くらいしか成長しておらず、他の先進諸国に比べても低いパフォーマンスです。このような低成長の主な原因は「経済の成熟」ではなく、「失われた20年」と呼ばれる長期不況にあります。

図3－4を見てください。１９９０年にバブルが崩壊してからほどなくして長期不況が始まり、同時に経済成長率も低下しています。

ただし、今でも少子高齢化は経済成長率の低下に関与しており、今後その度合いは強まっていきます。したがって、長期不況から脱却できたとしてもいずれゼロ成長は避けられないと一般には予測されています。

ところが、もし少子高齢化がこのまま進展したとしても、「技術進歩率」を上昇させることができれば経済成長率を高めることができます。「技術進歩率」というのは、生産の効率性が上昇する割合を表しています。

例えば、一人あたりで2台の自動車を作っていたのが、3台作れるようになったら、生産の効率性が1・5倍上昇したことになり、技術進歩率は50%となります。ただし、これは現実離れした例であり、通常技術進歩率は年間1%ほどです。

技術進歩は、生産の効率性を高める新しいアイディアが生み出され社会に導入されること、つまりイノベーションによってなされますが、イノベーションが枯渇しつつあるので今後の経済成長は難しいという見方もあります。

アメリカの経済学者タイラー・コーエンは、その著書『大停滞』で、人々の物質的な生活は1950年代以降ほとんど変化しておらず、自動車も冷蔵庫も洗濯機も既に存在しており、なかったのはインターネットくらいであると言っています。これはアメリカの話ですが、日本でも高度経済成長期が終わった1970年代から、身の回りにある家電製品がほとんど変わっていないとよく言われています。

近代以降の歴史を通じて数限りないイノベーションが発生してきました。しかし、もはや発明・発見のネタが切れてきて、イノベーションは枯渇しつつあり、アメリカ経済は大停滞に陥っているというのがコーエンの主張です。

コーエンは、「容易に収穫できる果実は食べ尽くされた」という言葉でイノベーションの枯渇などを原因とした経済成長の行き詰まりを表現しています。

反成長論の多くはいい加減なものですが、「だんだんイノベーションが生まれにくくなるので、技術進歩率も経済成長率もゼロに近づく」という可能性については、にわかには否定できません。

いずれイノベーションの果実は完全に食べ尽くされ経済成長は停止するかもしれません。あるいは、何らかの要因によってイノベーションが活発化し、経済成長率が高まる可能性もあります。

汎用目的技術が産業革命に与えた影響

今後イノベーションは枯渇するのか、活発化するのか。そのような問題を論じるにあたって、「汎用目的技術」(General Purpose Technology, GPT)[19]という概念が鍵になると思われます。GPTは、補完的な発明を連鎖的に生じさせるとともに、あらゆる産業に影響を及ぼす技術で、蒸気機関がその代表的な例です。

蒸気機関が発明されると、蒸気ポンプや蒸気機関車、蒸気船などの補完的発明が連鎖的に生じました。また、蒸気機関はそれまでの人力や水力などに変わって、工場で生産活動を行う際の動力源になりました。

例えば、1785年エドモンド・カートライトによって発明された「力織機《りきしよつき》」は、蒸気機関を動力とした織機です。この力織機が手織機にとって代わっていきました。

産業革命は、これまで一次から三次まで3回発生していますが、それぞれがGPTによって主導されています。蒸気機関というGPTは、第一次産業革命を主導しました。

1760年から1830年のイギリスで最初に発生したこの革命で最も重要なのは、機械を使って財を生産し、機械の動力として蒸気機関を用いるようになって、生産性が劇的に上昇したということです。

少し細かいことを言うと、マクロ経済全体で見た時に、産業革命の期間は他の期間に比べて生産性の上昇率が高かったわけではありません。図3–5のように、19世紀における生産性上昇率のピークは、むしろ産業革命が終わった後の1830年から1870年です。

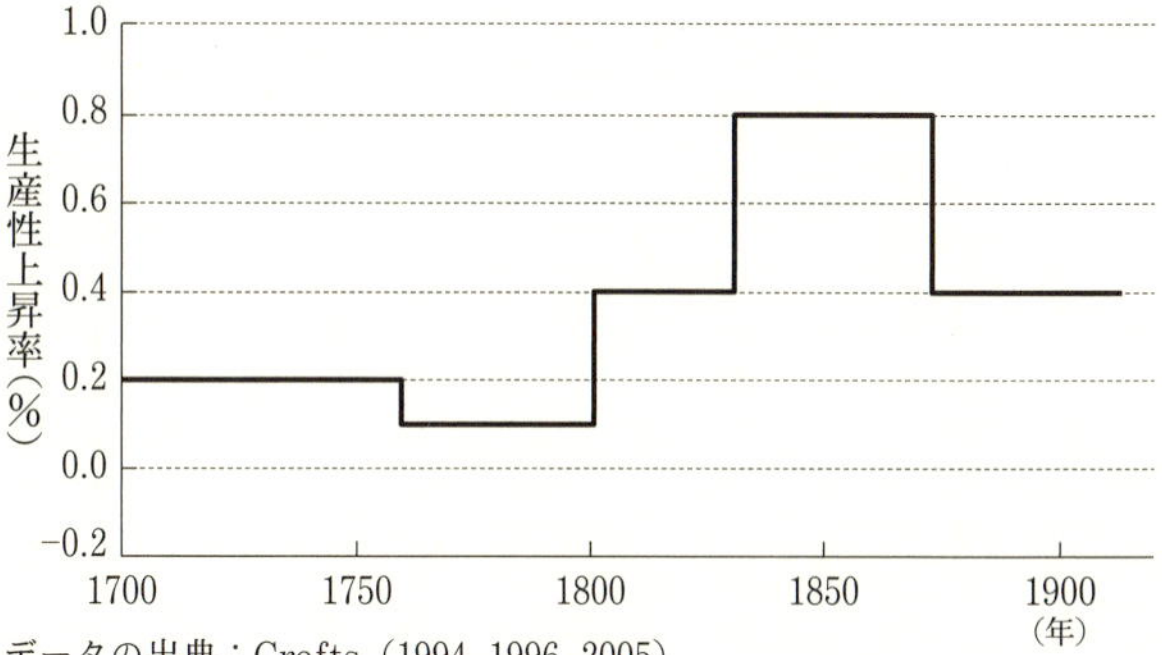

データの出典：Crafts（1994, 1996, 2005）

図 3-5　イギリスの生産性上昇率の推移

しかも、そのピークですら年率0・8%程度の上昇率であり、今日の水準からすると低いくらいです。

したがって、第一次産業革命は生産性が絶えず上昇し、経済が成長し続けるような時代の始まりとして考えるべきです。この革命によって、人類は初めて時を経るごとに暮らしぶりが向上していくような経済の仕組みを手に入れたのです。

とはいうものの、生産性上昇率は右肩上がりにあがってきたわけではありません。図3−5を見ると、生産性上昇率は19世紀を通じてまず上がってから下がっています。この変化はどのような要因によって引き起こされているのでしょうか？　その疑問に応えるために、イノベーションに関する二つの相反する効果、「肩車効果」と「取り尽くし効果」について説明しておきます。

「肩車効果」は、既に存在する技術のアーカイブ（蓄積）を参照することによって新たな技術の発見が容易になる効果のことです。これは、「もし私が他の人より遠くをみているとすれば、それは私が巨人の肩の上に立っているからだ」というニュートンによって広められた言葉を語源とします。

「巨人の肩に立つ」とは、偉大な先人達の積み上げた知識を参照することを意味します。そうすれば、自分で一から全て考えるよりも発見はたやすくなります。グーグル・スカラー（Google Scholar）という学術論文用の検索サイトには、「巨人の肩の上に立つ」と書かれていますが、これはまさに過去の学術論文のアーカイブを参照する行為を意味しています。

「取り尽くし効果」は、簡単な発見はすぐに成し得るので、イノベーションが進むにつれて、新たなアイディアの発見が難しくなっていくことを意味します。これは、池で魚を釣っていくと、だんだん魚が取れにくくなる状態に類似しています。

肩車効果のみが働くのであれば、技術が蓄積されればされるほど、新たな技術が生まれやすくなります。だとすると、私たちは豊かになればなるほど、豊かになるスピードが速まっていくことになります。

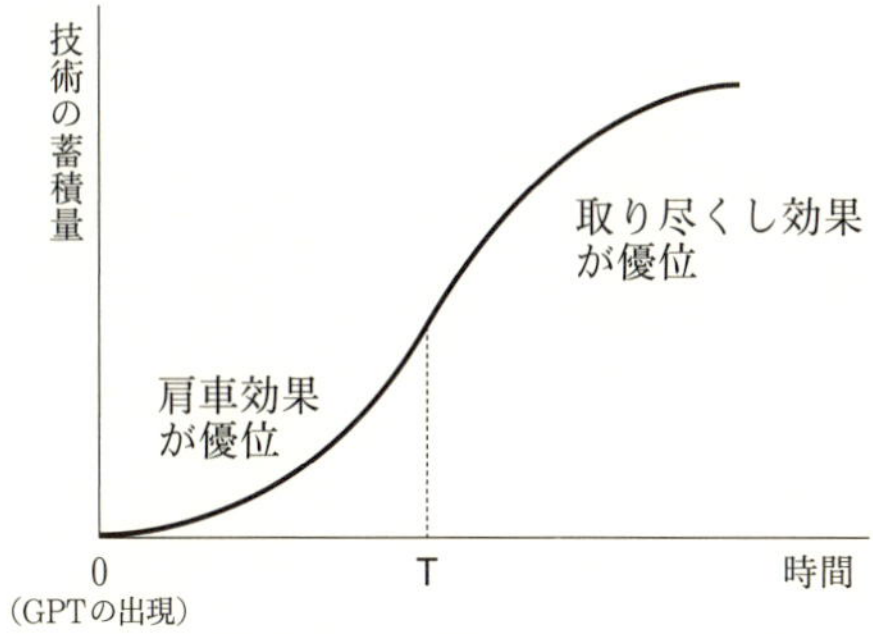

図3-6　技術の蓄積量の推移（ロジスティック曲線）

しかし、そうなっているようには見えません。それは、取り尽くし効果が肩車効果の働きを相殺してしまうからです。

ＧＰＴが現れてから、しばらくは「肩車効果」が優位に働き補完的発明が続きます。しかし、やがてそのような発明はネタ切れを起こし、イノベーションは枯渇していきます。

したがって、図3-6に表されているようなグラフを描くことができます。時点0でＧＰＴが現れた後、初めは「肩車効果」が優位に働き、技術の蓄積は加速します。しかし、ある時点（図3-6の点T）を過ぎると、「取り尽くし効果」が優位に働き、技術の蓄積は減速します。そして、次のＧＰＴが現れるまで経済は停滞し続けます。このようなS字を引き伸ばしたような曲線は「ロジスティック曲線」と呼ばれています。

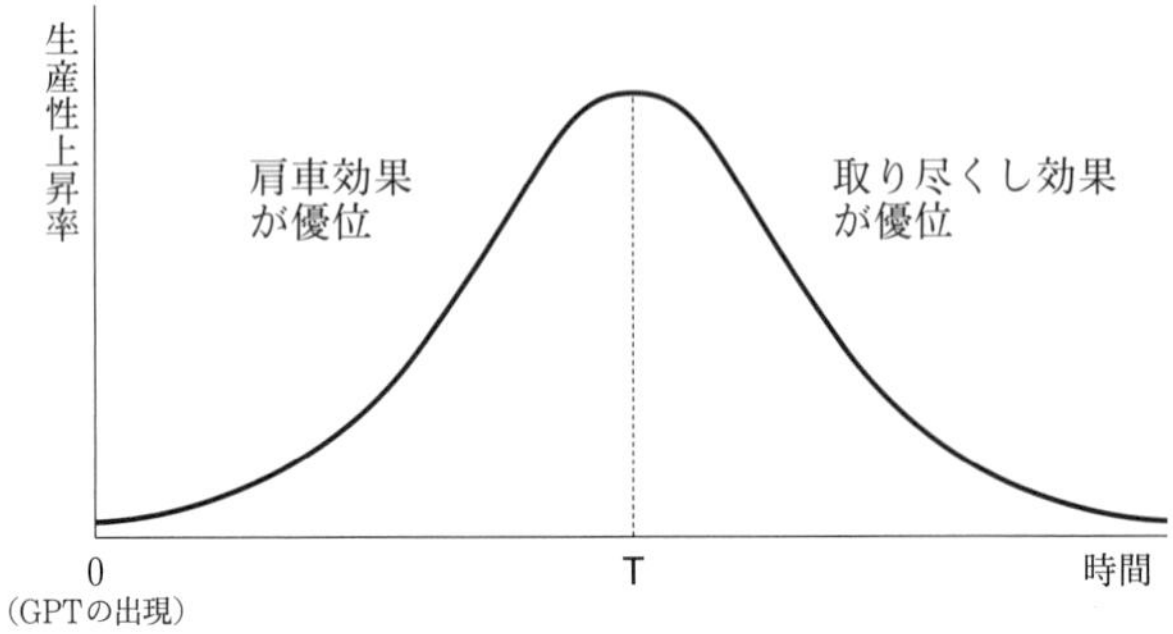

図3-7　生産性上昇率の推移

一般に、技術の蓄積量に比例して、マクロ経済全体の生産性が高まるものと考えられます。そうすると、図3-6に対応する生産性上昇率（生産性の高まる割合）のグラフは図3-7のように描くことができます。図3-7のグラフは、図3-5と同様に一つの山を形作っています。

したがって、図3-5のグラフは、蒸気機関の補完的発明品として、蒸気ポンプ、蒸気機関車、蒸気船、力織機などが続々と世に現れるにつれて生産性の上昇率が上がっていき、やがて発明のネタが尽きて生産性の上昇率が下がったがために一つの山を形作っているものと解釈することができます。

第二次産業革命の終わりとポストモダン

蒸気機関が第一次産業革命を牽引したのと同様に、

内燃機関や電気モータなどのGPTは第二次産業革命を牽引しました。内燃機関というのは、自動車や飛行機などで使われるエンジンのことです。

身の回りの家電製品を見れば一目瞭然ですが、私たちの現在の消費生活の多くは今なお第二次産業革命が切り開いた地平にあります。そして、それは内燃機関や電気モータなどのGPTのインパクトの大きさを示しています。例えば、自動車や飛行機は内燃機関の、洗濯機や掃除機は電気モータのそれぞれ補完的発明の賜物です。

第二次産業革命そのものは、1870年から1914年の間に生じたと一般には言われています。革命の震源地はイギリスではなく、アメリカとドイツです。とりわけ先進的だったアメリカにおける生産性上昇率の推移を見てみましょう。

図3−8のように、このグラフもまた、1930年から1950年の期間を頂点とする一つの山を形作っています。第二次産業革命は1870〜1914年という期間に留まらず、1世紀近くもの長い時間、経済に影響を及ぼし続けたと言うことができます。

「ディフュージョン」（拡散、普及）には長い時間が掛かります。家電製品の多くは19世紀に既に発明されていましたが、それが拡散し尽くしたのはアメリカでは1960年代、日本では1970年代で、他の先進国でも振れ幅はあるものの同様の時期です。

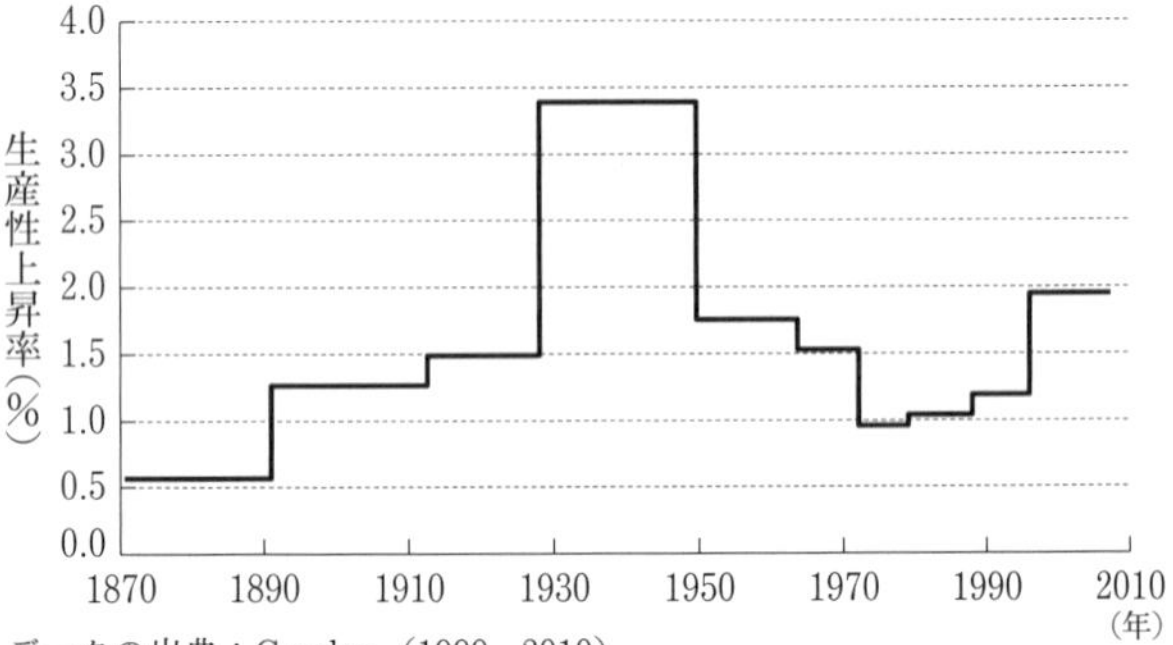

データの出典：Gordon（1999, 2010）

図 3-8　アメリカの生産性上昇率の推移

そして、この時期になってようやく第二次産業革命のインパクトは小さくなり、生産性上昇率も経済成長率もともに低下しました。内燃機関や電気モータを補完するイノベーションは既に枯渇していましたが、その影響が尽きるまでには長い時間を要したのです。

1970年代の世界的な経済停滞の要因として、石油ショック以外にこのようなイノベーションの取り尽くし、つまりコーエンのいう「果実の食べ尽くし」が考えられます。

1970年代以降、「成長の限界[20]」「近代の終焉」「ポストモダン」といったことが盛んに論じられるようになった背景には、このようなイノベーションの枯渇と経済停滞があります。コーエンが「大停滞」と呼んだ時代の始まりです。

「ポストモダン」とは、モダン（近代）の後ということです。元々は建築用語ですが、一般には近代に見られる急激な変化や発展が終わった後の時代という意味で用いられます。この用語がそのような意味で広まったのは、フランスの哲学者リオタールが『ポスト・モダンの条件――知・社会・言語ゲーム』という本を著してからのことです。

リオタールはポストモダンを「大きな物語」が失われた時代として位置づけました。「大きな物語」とは、自由や平等、戦争での勝利、豊かさ、革命といった社会全体で共有された目標とそれを支える世界観のことです。

したがって、自由や平等がある程度実現した平和な民主主義国家において、生活水準が一定レベルに達すれば、自ずと近代が終焉し、大きな物語を失ったポストモダンという時代が訪れることになります。

その時代とは、ヨーロッパ、アメリカ、日本などの主要国にとってはおよそ1960年代ないし1970年代以降であると見なされています[21]。この時期は、家電製品が普及し尽くして豊かさが実現し、さらなる経済成長の可能性が疑わしくなった時代です。したがって、ポストモダンとはあらゆるものが取り尽くされたかのように見える時代であるとも言えます。

図3‐8を見て分かるように、アメリカの生産性上昇率は1950年代から徐々に低下し、1990年には1％程度にまで落ち込んでいます。第二次産業革命についても、最初肩車効果が優位であるがために生産性上昇率が高くなり、やがて取り尽くし効果の方が優位になり、生産性上昇率が低くなったというわけです。

第三次産業革命

ポストモダンが、あらゆるものが取り尽くされたが故に停滞しているかのように見える時代であるならば、それはまた階段の踊り場のような時代でしかないかもしれません。1960年代、70年代に、先進主要国で物質的な豊かさが実現したのは確かですが、イノベーションの枯渇による停滞は一時的な現象に留まったものと思われます。

第二次産業革命のインパクトは1970年代に確かに消え去りつつありましたが、その裏では次の革命が準備されていたからです。それは、新たなGPTであるコンピュータとインターネットが引き起こした「第三次産業革命＝情報革命」です。図3‐8に見られるように、1990年代からアメリカの生産性上昇率は再び高くなってきましたが、その原因はこの第三次産業革命にあると考えられます。

コンピュータそのものは１９４０年代に発明されていますが、例のごとくディフュージョン（拡散、普及）には長い時間が掛かります。ＧＰＴは、改良が繰り返され実用化が進み十分拡散するまでは社会的なインパクトを持ちません。

そのインパクトを「産業革命」というのであれば、第三次産業革命の始まりは１９４０年代などではなく、コンピュータによる生産性上昇率の上昇がアメリカで見られるようになった１９９０年代とするのが妥当でしょう。

とりわけ１９９５年は、初めて広く家庭に普及したパソコンのオペレーティング・システム（ＯＳ、基本ソフトウェア）であるWindows95が発売されたシンボリックな年です。このＯＳの普及に伴ってインターネットが普及したので、１９９５年は一般に「インターネット元年」と呼ばれています。ここでは、この象徴的な年を第三次産業革命の起点としておきましょう。

１９９５年からまだ20年ほどしか経っていないので、この革命に関して言えば、恐らく私達は図3-6の点Ｔの手前におり、情報技術の蓄積はこれから加速するものと思われます。要するに、イノベーションは枯渇などしておらず、再活性化しつつあるのです。

ただし、日本のこの20年間は「失われた20年」という長い不況の時代であり、新しい技術の研究開発および導入に関わる雇用や予算が伸び悩んでしまい、イノベーションの果実を経済成長として味わうことができませんでした。そのためむしろ日本では、情報技術の発達と関連付ける形でのポストモダン論が盛んに唱えられました。(22)

サービス業への情報技術の導入

先に述べたように、多くの先進国では、1960年代、70年代に家電製品などの工業製品が普及し尽くしたことにより、工業化の時代は終わっています。つまり、全産業に占める工業の割合が減少に転じて、その代わりにサービス業（小売、金融・保険業など）の割合が増大しています。

今では、日本のGDPに占めるサービス業の割合は約7割です。未だに日本を工業立国のように思っている人がいるかもしれませんが、少なくともシェアの面ではサービス業中心の経済に転換しています。

工業では、ロボットなどの機械を導入することによるオートメーション化（自動化）が早くから進んでいましたが、商品の販売やヘアーカットは人間が務めるしかありませんでした。

サービス業は「労働集約型産業」であるがために、ほとんど生産性が上昇しない分野だったというわけです。「労働集約型産業」というのは、人間の労働力に依存した産業という意味です。

アメリカでは1927年リーバイスのジーンズの値段は女性のヘアーカット代のおよそ13倍でしたが、1997年にはそれが3倍にまで縮まりました[23]。労働集約型産業の相対価格が上昇するこのような現象は、アメリカの経済学者ウィリアム・ボーモルにちなんで「ボーモルのコスト病」と呼ばれています。

ジーンズの相対価格が下がる理由は、生産を機械化できるので機械の進歩に応じて幾らでも生産を効率化できるということです。生産の効率化に伴って人手が掛からなくなるので価格を下げることができるようになります。

ヘアーカットは今のところ人が行うしかないので生産を効率化できません。一回のカットに1時間掛かるといった手間は、100年前も今もほとんど変わりないわけです。その場合、一人の時給以下にカット代が下がることはあり得ません。

工業では技術進歩が速く、サービス業では技術進歩が遅いと言えます。それがために、工業が占める雇用の割合は減り、サービス業の割合は増えました。逆ではないことに注意してください。

「技術進歩は経済成長をもたらし雇用を増やす」と考える人は少なくありません。しかし、技術進歩は一般に経済成長をもたらす一方で、労働を節約し雇用を減らす効果を持ちます。ある部門の技術進歩が雇用を減少させないとすれば、それは需要が増大する場合に限られます。冷蔵庫や掃除機などの工業製品が普及し尽くして、需要が飽和したならば、工業の技術進歩は雇用を減少させます。

1970年代以降の工業の相対的縮小期であっても、幸いサービス業の労働需要が増大し、余剰人員がサービス業へ労働移動したため、技術的失業が顕著に増大する事態は避けられました。

ただし、労働集約型産業であるサービス業は生産性上昇率が低いので、サービス業のシェアが増大するということは、マクロ経済全体での生産性上昇率が低くなるということを意味しています。

したがって、現代の日本のようなサービス業の割合の大きい国で、マクロ経済全体の生産性上昇率を高くしようと思ったら、サービス業における生産性上昇率を向上させる必要があります。

蒸気機関や電気モータは、運送業以外のサービス業の生産性の向上にそれほど貢献しそうにはありません。しかし、第三次産業革命期のGPTであるコンピュータやインターネットから派生した技術「情報通信技術」（ICT、以下「情報技術」とする）は、サービス業全般の生産性を向上させる可能性を持ちます。

例えば、私たちは、旅行を計画する時に旅行代理店に足を運ばず、楽天トラベルなどのネット上のサービスを利用するようになってきました。あるいは、空港でチェックインする時に窓口に行くのではなく、自動チェックイン機を使って自分で行うようになりました。

このようなコンピュータ化（コンピュータライゼーション）によって、サービスの供給に必要な人員を減らし、生産性を上昇させることができます。その際今度はサービス業の中で労働移動がなされなければなりません。

例えば、自動チェックイン機の導入によって不要になった人員は、空港に新たに設けられた仮眠室やシャワールームの受付係を担当するようになるかもしれません。もし、余剰人員はそうした新しい仕事があてがわれないのであれば、解雇されてしまう可能性があります。

このように、技術進歩は常に技術的失業をもたらす危険性を孕んでいます。しかし、技術進歩は実際に失業を生むか否かに関わらず、生産性を向上させることによって経済を成長させます。

いずれにしても、私たちが経済成長を望むのであれば、情報技術をこそ発達させるべきだということになります。ところが、パソコンもインターネットもスマートフォンも十分普及したし、それらの媒体で供給されるサービスもたいがい出尽くしたのではないかという疑問もあり得ます。

もし、第三次産業革命について、図3−6の点Tより先の取り尽くし効果が支配的な領域に既に入ってしまっているならば、情報技術は今後それほど発達せず、経済成長率はむしろ低下していくでしょう。

しかし、前章で見たように、情報技術の中でもとりわけＡＩがここ数年で技術的なブレイクスルーを引き起こし、これから大きな発達を遂げようとしています。それゆえに、今私たちは図3−6点Tの左側の肩車効果が支配的な領域にいると言えるわけです。１９９５年から20年しか経っていないという時間的な理由だけではないのです。

技術の拡散

ここで一つ注意してもらいたいのですが、ＡＩの技術進歩が経済成長をもたらすといっても、ＡＩの産業規模の拡大の分だけＧＤＰが増大すると主張したいわけではありません。ＡＩの産業規模というのは、経済成長にとってはある意味どうでも良いことなのです。

ＡＩに限らず新しい生産技術は、生み出した主体が企業であれ、大学の研究室であれ、そこから世の中全体にスピルオーバ（拡散）していき、たくさんの企業の生産活動に役立てられます[24]。すると、こうした企業の生産活動が効率化し、より多くの商品を作れるようになります。その結果ＧＤＰが増大していくわけです。

極端な話、有効なＡＩ技術の全てが、大学の研究室から生み出され無料で企業に提供されるがために、ＡＩの産業規模がゼロであっても、ＧＤＰは増大していくわけです。もちろん、実際には多くの技術が企業からも生み出されているわけですが。

したがって、政府はＡＩを産業として育てることではなく、その研究開発を促進することに力点をおくべきです。前者は「産業政策」と、後者は「イノベーション政策」と呼ぶことができます。経済学者の中にも両者を区別しない人がしばしば見受けられますが、これらは全くその効果が異なっています。

政府が産業政策を実施することは無意味であると経済学者は良く指摘します。ＡＩがお金になるのであれば、民間企業がそれに投資するはずなので、政府がしゃしゃり出てくる必要はないというわけです。

ところが、ＡＩのような技術は経済全体にスピルオーバし、ＡＩそのものがお金になると否とに関わらず、経済全体の効率性を上昇させます。政府が研究開発を支援せず、ただ民間に任せているだけでは、イノベーションは過少にしか引き起こされません。

それは、民間に任せていては街灯が十分に設置されないので、政府が設置する必要があるのと同様です[25]。日本にグーグルやマイクロソフトのようなＩＴ系の巨大企業が存在しないならなおさらのことです。

それゆえに、政府はＡＩの産業育成ではなく、新たなＡＩ技術を生み出す研究開発の促進にこそ力を入れるべきなのです。実際、各省庁は既にそのような動きを見せています。

経済産業省の産業総合研究所は、２０１５年５月に「人工知能研究センター」をお台場に設立しました。文部科学省は、理化学研究所を拠点とした新たなＡＩ研究の巨大プロジェクトを始動しようとしています。

ただし、政府機関が自ら主導して研究プロジェクトを推進すべきなのか、政府は大学などの研究者に対し研究費を支給するような側面支援のみを行うべきなのかといった点については議論の余地があります。

AIは雇用を奪うか？

既に述べたように、技術進歩は常に技術的失業を生み出す危険性を孕んでいますが、それゆえにこそ経済を成長させます。したがって、政府が経済成長の促進のためにイノベーション政策を実施する場合には、そういった危険性についても考慮に入れておかなければなりません。

ＡＩが雇用を奪うかどうかという議論が近頃盛んになされていますが、ＡＩもまた、これまでの技術と同様に雇用を奪う可能性があります。

しばしば、「ＡＩが人間と代替的ではなく補完的であれば、技術的失業を生まないのではないか」という主張を目にします。代替的というのは、バターとマーガリンのように互いに代わりを務めることができる関係を意味しています。補完的というのは、バターとパンのように互いに補いあう関係のことを言います。

この点については、局所的には補完的でも全体としてみれば代替的ということが多く見られるので注意が必要です。例えば、コンピュータグラフィックを考えた場合、グラフィックソフトはグラフィックデザイナーと補完的な関係にありますが、手書きデザイナーとは代替的な関係にあります。したがって、グラフィックソフトは手書きデザイナーを駆逐する可能性があります。

ある産業でコンピュータ化と雇用の増大が同時に起こっていて、情報技術と労働者がバターとパンのように補完的関係にあるように見えたとしても、経済全体ではそれらはバターとマーガリンのように代替的であることが多いのです。

したがって、ブリニョルフソン&マカフィーは『機械との競争』で、多くの人々が起業を志すようになると新たに雇用が創出されて、AI普及に伴う労働問題が改善されると主張しましたが、本当にそうなるかどうかは疑わしいところです。

新たに設立される企業が情報技術関連であればむしろ、グラフィックソフトのケースのように労働問題を悪化させる可能性の方が高いと考えられます。

といっても、コンピュータグラフィックは手書きデザイナーを全員駆逐したりはしません。つまり、世の中の多くの技術・機械と労働者の関係は完全に代替的というわけではなく、ほどほどに代替的という関係にあります。

したがって、新しい技術は多くの場合、ある職業を根こそぎ消滅させるよりも、雇用を一定程度減少させるという効果を持ちます。特化型AIについても同様のことが言えます。例えば、AIを搭載したセルフドライビングカーが普及しても、運転手と話をしたいので、人が運転するタクシーに乗りたいという乗客の需要はゼロにはならないと思われます。しかし、タクシー運転手の需要が大幅に減少することは避けられないでしょう。

AIによる技術的失業は長期的全体的な問題になり得るか？

次に議論すべきなのは、AIによる技術的失業は長期的全体的な問題にならないのか否かという点です。第1章で述べたように、これまで技術的失業は一時的局所的な問題に過ぎませんでした。

私たちは、過去の歴史から得られた知見がそのまま自動的に未来にも当てはめられると考えるべきではありません。過去と未来で前提が異なれば、帰結もまた異なってきます。

といっても、AIが全て特化型である限り、技術的失業はこれまで通り一時的局所的な問題に留めることができるでしょう。AIを搭載したセルフドライビングカーやドローンが普及することで、タクシーの運転手や配送員が失業したとしても、人間に優位性のある別の仕事に移動すれば良いからです。その仕事とは、介護士であるかもしれないし、マッサージ師であるかもしれません。

汎用ＡＩが現れ、大半の仕事が奪われるのであれば話はまた変わってきます。しかし、この社会に平均的なスキルを持った労働者が従事し得る仕事が残されている限り、その残された仕事に移動することで失業を解消することができます。

ただし、やりがいが少なく賃金も低い仕事に移動しなければならない可能性もあるので、労働移動が失業を解決したとしても、問題がないわけではありません。また、一時的であっても失業はその個人に多大な苦痛を与えるし、労働移動するのに長い時間を要すればそれだけその苦痛も長引きます。

一般に経済学では、技術的失業は「摩擦的失業」であると見なされています。「摩擦的失業」は失業してから雇用を得るまでに時間が掛かるために起こる失業であり、つまりは労働移動の際に生じる失業のことです。ＡＩの技術進歩が速ければ、それだけ解雇が増大し、たとえ一時的であっても多くの人々が摩擦的失業の状態に置かれることは避けられません。

こうした摩擦的失業の増大は大きな問題ですが、それは失業の全てではありません。技術的失業は「摩擦的失業」としてだけでなく、「需要不足による失業」としても位置づけられるべきである、というのが一般的な経済学の見解とは異なる私の持論です[26]。

「需要不足による失業」とは、消費需要や投資需要が不足しているために、「労働需要」が「労働供給」に対し不足して発生する失業です。「労働需要」というのは勤め口の数で、「労働供給」というのは働きたい人の数のことです。働きたい人に対して勤め口が少ない状態にあれば、およそ需要不足による失業が発生していると言うことができます。

こうして発生する失業は、摩擦的失業とは異なります。摩擦的失業は、労働供給と労働需要が等しい時でも生じます。求職と求人が同数であったとしても、そういった労働者と企業が出会うのに時間が掛かれば失業が発生します。

恋愛にたとえて説明しましょう。異性を好む男女が同数ずついたとしても、互いに出会えなければ全ての人がカップリングされることはありません。これは、摩擦的失業に相当します。

対して、そもそも男性の人数が女性の人数よりも多ければ、不可避的に恋人が得られない男性が発生してしまいます。これは「需要不足による失業」に類似しています。

それではなぜ、技術的失業は需要不足による失業としても位置付けられるのでしょうか？　労働移動するには移動先に仕事が存在していなければならず、そのためには十分に需要が増大していなければならないからです。

技術進歩は、生産活動の効率性を上昇させ、供給力を増大させます。例えば、かつて3人で1台の自動車を作っていたのが、新しい機械の導入によって2人で1台の自動車を作れるようになったならば、効率性は1・5倍になっています。3人で1・5台の自動車を生産できるようになったとも言えます。

この時、自動車の需要が1・5倍になれば、失業は生じません。自動車の需要が増大しない場合3人中1人は失業します。その場合でも、この1人が別の仕事、例えばマッサージ師になることができれば失業は解消します。しかし、マッサージに対する需要が増大していなければ、失業者の吸収先にはなり得ません。これがまさに、「需要不足による失業」としての技術的失業です。

したがって、マクロ経済全体で技術進歩に応じて需要が増大していなければ、失業は解消されません。供給力の増大に見合った需要の増大が生じていなければならないのです。もし、需要不足が放置されるのであれば、技術的失業が長期化することもあり得ます。

以上の議論を簡単にまとめると、技術的失業には、

・摩擦的失業：労働移動に時間が掛かるために発生
・需要不足による失業：労働移動する先がないために発生

という二つの種類が存在することになります。特化型ＡＩも、これまでの技術と同様に、こうした二つの種類の技術的失業をもたらします。

つまるところ、特化型ＡＩが雇用に与えるインパクトは、紡績機や織機といったかつての技術と比べて、量的には凌駕する可能性があるものの、質的には変わるところがありません。したがって、マクロ経済政策が適切に実施され、労働移動が速やかになされている限り、失業がとめどなく増大するような事態には至りません。

実際『機械との競争』によって、リーマンショック後に情報技術による雇用破壊が進んだと指摘されたアメリカでも、失業率はピークである２００９年10月の10％から、５％（２０１５年12月現在）にまで下落しています。要するに、失業率の長期上昇傾向は見られないというわけです。

これは、マクロ経済政策によって失業を減少させることに成功した結果として解釈できそうです。逆に言うと、今後ＡＩの技術進歩が加速化し、それにも関わらず政府がマクロ

経済政策を怠ると、需要不足による失業が増大し長期化する可能性があるということになります。(27)

どのようなマクロ経済政策が必要か？

今後ＡＩの発達によって需要が不足しがちになるので、マクロ経済政策の重要性が高まっていくだろうということうした主張は、私に特有のものであり本書で強調したいポイントの一つです。

マクロ経済政策には、橋や道路の建築といった公共事業などに対する政府支出を増やす政策である「財政政策」と中央銀行が市中（世の中）に出回るお金の量を増やす「金融政策」があります。いずれも需要を増大させて、景気を良くする効果を持つと考えられています。

ただし、公共事業へ支出するような財政政策は需要不足による失業を解決する手段として妥当ではないと私は思っています。(28) 橋や道路は必要に応じて建設すべきであり、不必要ならば建設すべきではないからです。

それに、建設業が潤ってその業界の失業が減って人手不足にすらなったとしても、他の全ての産業が潤いマクロ経済全体の需要不足が解消されているとは限らないからです。一般的には、金融政策の方が経済全体を潤す効果を持ちます。

ケインズは、紙幣を瓶につめて地中深くに埋めれば、民間企業が勝手にそれを掘り起こすビジネスを始めるので、穴掘り要員の雇用が増えて失業が減ると言いました。でも、そんな無駄なことをしなくても、紙幣を市中にばらまくだけで景気が良くなって失業が減ります。すなわち、基本的には金融政策によって十分需要不足による失業を解消することができるのです。

金融政策には、「金融緩和政策」と「金融引締政策」があります。「金融緩和政策」というのは、図3-9のように、中央銀行がみずほ銀行や三菱ＵＦＪ銀行などの民間銀行から国債を買い入れ、その見返りとして発行した貨幣＝お金を、民間銀行に供給するような政策です。

そして、その民間銀行が企業へ貸し出しを行うことによって、お金が市中に出回っていき、「マネーストック」が増大します。金融引締政策はその逆です。「マネーストック」というのは、市中に出回っているお金の総量のことです。

一般的には、中央銀行はこのようにして間接的にマネーストックをコントロールできるものと考えられています。中央銀行がマネーストックを増やし、私たち「家計」の手元にあるお金も増えたとします。そうすると、私たちはよりお金持ちになっているのだからより多く買い物することになり需要が増大します。

こうしたお金の増大によるＧＤＰの増大を楽をして儲けるような非道徳的な営みであると見なし、金融緩和政策を人の道に背いた不届きな所行だと非難する人は少なくありません。しかし、金融緩和政策は、モルヒネのように「痛み＝問題」を誤魔化すものではなく、錬金術のように労せずに富を生み出すものでもありません。

「資産効果」という経済学の用語があって、これは通常、株価や地価などの上昇による資産の増大によって消費が増える効果を意味します。しかし、私はこの言葉を現金や預金通貨などの増大によって消費が増える効果の意味でも用いています。

人々が持つお金が増えれば、その「資産効果」で消費需要も増大します。すると、失業していた人々が労働に従事するので、その分だけ実際に生産量が増大します。実際に労働量が増大するからこそ富が増大するのです。

逆に言えば、失業や需要不足が存在しない時に金融緩和政策を実施しても、インフレを招くだけでＧＤＰを増大させる効果は得られません。

私の本業であるマクロ経済学の理論的分析に基づけば、機械の導入などによって生産性が1・5倍に上昇したならば、消費需要も1・5倍に増えるようにお金の量を増やす必要があります。そうでなければ、需要と（潜在）供給は均衡しません。

そして、AIやロボットの発達に限らず資本主義経済では絶えず技術進歩が起こっており生産性が絶えず向上しているので、マネーストックも絶えず増やさなければ需要と（潜在）供給の均衡は保たれません。しかも、生産性が高まるのと同程度にマネーストックを増やす分には、極度のインフレになることもありません。逆にそのようにマネーストックを増やさなければ、デフレに陥ってしまいます。

世の中に流通するお金を増やすことを何か特別なことだと思っている人は経済学者の中にもいますが、お金というのはそもそも絶えず増やさなければならないものなのです。

図3-10で表されているように、近年の日本で、バブル崩壊直後以外に、マネーストックの増大率（お金の増える割合）がマイナスになったことはありません。

バブル崩壊以前の1980年代では、7～13%ほどの増大率がありました。バブル崩壊以降は、2%前後という極めて低い率で推移しています。このようなマネーストックの低い増大率こそが、長期デフレ不況の根本原因だと考えられます。

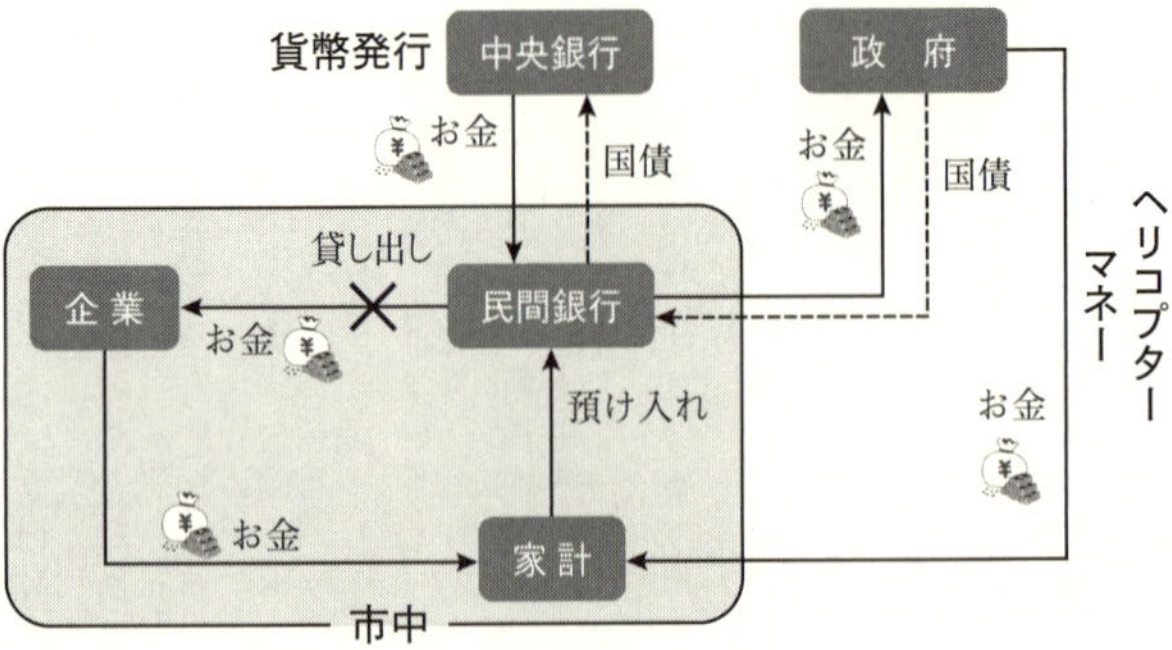

図 3-9　金融政策の仕組み

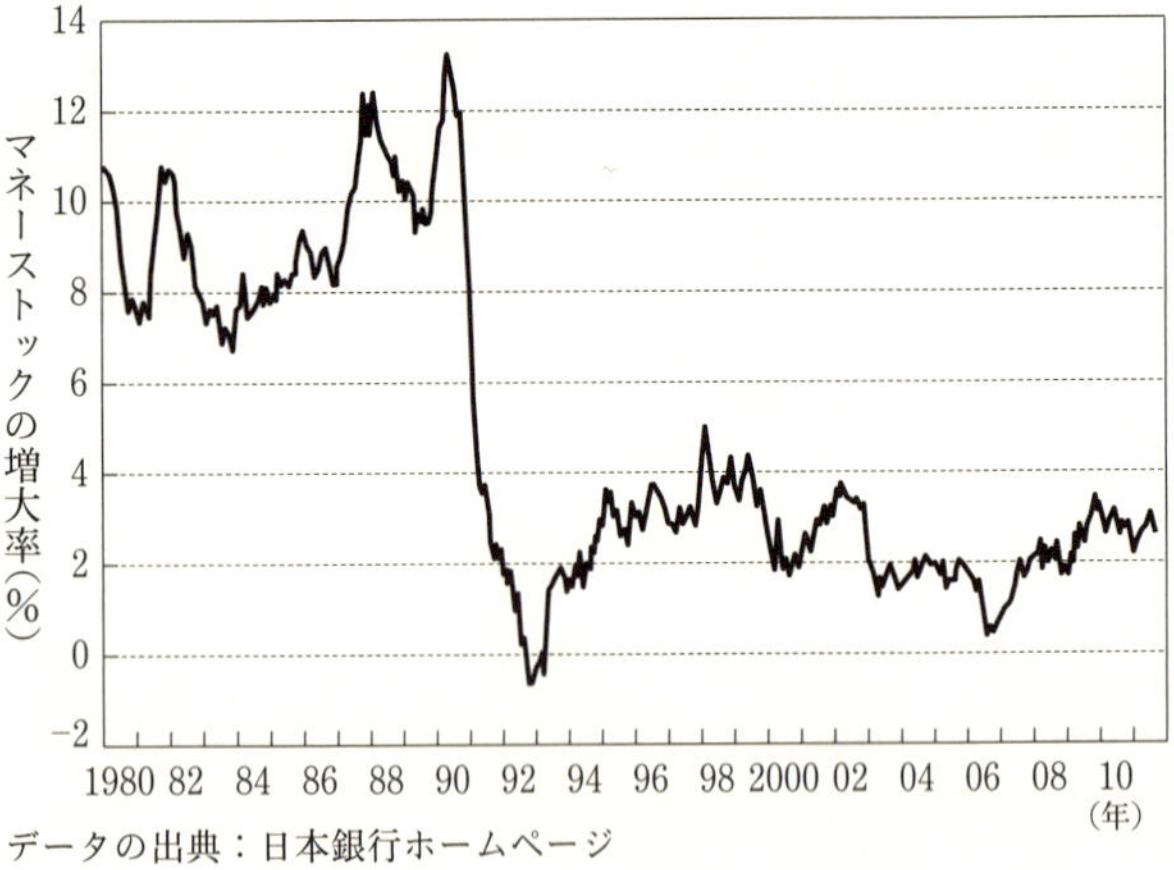

データの出典：日本銀行ホームページ

図 3-10　マネーストックの増大率の推移

戦後の管理通貨制度の下では、紙幣や預金といった信用貨幣を使用しているため、比較的容易にお金の量を増大させられました。したがって、日本の「失われた20年」のような長期デフレ不況は稀にしか見られない現象です。

ところが、金本位制の時代や金貨や銀貨のような金属貨幣が主に使われていた近代以前には、貨幣不足による長期的なデフレ不況が度々発生しました。

例えば、清朝中国では康熙帝《こうきてい》の治世下にあたる17世紀後半の約40年間、海禁政策（鎖国のようなもの）によって、貨幣として使われていた銀の中国国内への流入が止まり、「穀《こく》賤《せん》」と呼ばれるデフレと不況が続きました(29)。

ところが、17世紀末に海禁政策が解かれて銀が中国国内に流入することで貨幣不足は解消され、貨幣＝銀はむしろ増大を続け、長期に渡りインフレと生産の増大、さらには人口の増大がもたらされました。中国が数億人もの人口を抱えるようになったのはまさに清朝のこの時期です。

人口の増大をもたらした供給側の要因としては、新大陸からのサツマイモやトウモロコシの流入が挙げられます。しかし、それが流入した17世紀の100年間には、人口はむしろ減少しています。

清朝の人口爆発は海禁政策が解かれた17世紀末の後に開始されています。貨幣＝銀の増大が需要を絶え間なく刺激することで景気を長期的に安定させて人口が増大し、それに応えるためにサツマイモやトウモロコシの栽培によって食糧増産が図られ、さらに人口が増大したという経緯があります。

ほとんど全ての標準的な経済学の教科書が、「貨幣は長期的に中立的である」と説明しています。これは、お金の量を増やそうが減らそうが、長期的には生産量や雇用量などの実物的な数量には何も影響しないという意味です。私は理論的にも実証的にもこの説明は間違っていると思っています。理論的な面は割愛しますが、実証的には前述の清朝中国の例を見れば明らかです(30)。

目覚しい貨幣の増大は長期的な好況と経済成長をもたらし、人口動態にすら影響を与えます。もちろん、極度のインフレを引き起こすこともあるので、貨幣の増える割合を適切にコントロールする必要がありますが。

需要創造型のプロダクト・イノベーションは必要か？

需要不足を解消するには需要を創造するようなプロダクト・イノベーション（新商品を

生み出すようなイノベーション）が必要だという意見をしばしば耳にします。プロダクト・イノベーションは確かに需要を増大させる可能性があります。

しかしながら、このようなイノベーションを引き起こす主体は民間企業であって、政府が政策によって需要創造型のプロダクト・イノベーションだけを選り分けて支援するのは難しいものと考えられます。

プロダクト・イノベーションを労働節約的なプロセス・イノベーション（生産工程を効率化するイノベーション）から都合良く選り分けることは困難です。政府がプロダクト・イノベーションだけでなくプロセス・イノベーションも支援するならば、需要サイドのみならず供給サイドも刺激してしまって、需要不足を解決することはできません。

プロダクト・イノベーションを妨げる必要はないし、そのようなイノベーションを促進する政策があり得るならば実施すべきです。しかし、プロダクト・イノベーションを政府が促進することによって、需要不足を解消できる保証はありません。あくまでも、プロダクト・イノベーションの主体は民間企業だからです。

それに対し、マネーストックを増やすような政策は確実に需要不足を解消することができます。このような政策はもはや効果を持たないという指摘もあります。経済が成熟しており消費が飽和しているので、お金が増えても人々は商品の購入を増やさないというわけです。私はこれを富裕層についてしか通用しない理論ということで、「お金持ちの理論」と呼んでいます。

富裕層の消費は現在既に飽和しているかもしれません。しかし貧困層の消費は飽和しておらず、彼らはお金が余計に得られたらそれに応じて消費を増やします。消費が飽和しているから金融緩和政策は効果がないなどと唱えている経済学者は、恐らくそういった貧しい人々が目に入っていないのでしょう。

あるいは、そのような貧困層を想定せずとも、私の教え子の学生達に日本銀行が発行したお金を1万円ずつ渡したら、彼らはそのお金で居酒屋に行ったり洋服を買いに行ったりすることでしょう。

彼らの多くは親から仕送りを受けたり小遣いをもらったりしていますが、さらにアルバイトをしてお金を稼いでもいます。それはもちろんより多くの消費を行うためです。彼らの消費が飽和しているならばアルバイトなどしないでしょう。

もし、手元のお金が増えても全ての人々が既存の財の消費需要を全く増大させないとするならば、それは人々が既存の財の消費に完全に満足している状態、つまり一種のユートピアの出現を意味します。

このユートピア的世界では、既存の財の消費が完全に飽和しているので、需要を増やす手段は需要創造型のプロダクト・イノベーションしか残されていません。しかしながら、私たちの住まうこの世界は幸か不幸か今のところユートピアではありません。

お金を十分に持っていないがために、買いたい物が買えない消費者が存在する限り、マネーストックを増やす政策は効果を失うことはありません。

ただし、現在の金融政策のスキームではそのような消費者にお金が行き届かない可能性があります。また、現在の日本のように、金利（利子率）がゼロに近いにも関わらず、民間銀行から企業への貸し出しが増大しないためにお金が市中に出回らず、マネーストックが増大しにくい状態では、伝統的な金融政策は効果を大幅に減じてしまいます（図3–9）。

それゆえ、金融政策と（公共事業型ではない）財政政策をうまく組み合わせて、中央銀行が発行したお金を家計＝消費者に行き渡るようにしなければなりません。

具体的には、図3–9のように政府から民間銀行が買い入れた国債をさらに中央銀行が買い入れ、その国債を財源にして政府が家計に対し直接お金をばらまくような政策が必要となります。これは、ヘリコプターで空からお金をばらまくような政策ということで、経済学では「ヘリコプターマネー」と言われています。

そういった提言も含めて、今の日本経済が直面している問題をどう解決すべきかについて、私が論じたいことは山ほどありますが、ＡＩというテーマから遠く離れてしまうので、この辺りでやめておこうと思います。

第4章

第二の大分岐――第四次産業革命後の経済――

機械が勝手に富を生み出すようになれば、人間の仕事は無くなる。従業員がいない完全自動化された企業は株主にしか富を渡さない。そうなると人類は二種類に別れる。株主かそうでないかだ

ネット掲示板2ちゃんねるの書き込み

前章では、特化型ＡＩがこれまでの技術とは質的には同じであるものの、量的にはより大きなインパクトを経済に与え、経済成長を促進し技術的失業をもたらす危険性があるということを述べました。技術的失業を減らすには、世の中に出回るお金の量「マネーストック」を増やすような金融政策が有効です。

それに対し、汎用ＡＩの出現は経済構造を大きく変革してしまうので、質的にもこれまでの技術とは異なるインパクトを経済にもたらします。その時、金融政策によって技術的失業を減らすことはできないかもしれません。

本章では、２０３０年頃に現れると言われている汎用ＡＩが経済構造にどのような変革をもたらし、経済成長や雇用にどのような影響を与えるかについて考えます。

第四次産業革命をめぐる覇権争い

汎用ＡＩの出現は、恐らくは次の産業革命「第四次産業革命」を引き起こすでしょう。未来のことはどうなるか分かりませんが、まずはこの第四次産業革命についておぼろげながらもそのイメージを描いてみたいと思います。

ドイツ政府は、2011年に「インダストリー4・0」という政策ヴィジョンを掲げました。このヴィジョンの中核には、生産工程で機械が自ら学習し、機械同士が会話する「スマートファクトリ」（考える工場）のコンセプトがあります。

機械同士が会話するというのは、もちろん比喩的な言い方であって、機械がドイツ語や英語を話すわけではありません。ネットワークに接続された機械と機械が情報を交換しながら協調して動作することを意味しています。

スマートファクトリ内ではまた、機械と部品も会話します。各部品に小さなコンピュータチップが取り付けられており、部品自身が生産プロセスにおいてどのように加工されるべきかを生産機械に対して伝達します。

このように機械が自ら学習し、また機械同士や機械と部品が連携して動作することによって、総体として「自律的に動作するインテリジェントな生産システム」が実現されます。スマートファクトリというのは、まさにこのようなシステムのことを意味します。

工場＝生産システムが人間の介在なしに、勝手に自分で考えて勝手に生産活動を行うわけです。そうすると、生産の現場に労働者はほとんど必要なくなります。

元々、インダストリー4・0はドイツの深刻な人手不足を解消する狙いがありました。

ドイツは出生率が1・38であり、出生率が1・46である日本と同様に少子高齢化ゆえの生産年齢人口の減少に直面しています。それゆえに、人手を要しないオートマティックな生産システムを確立する必要があったのです。

しかし、インダストリー4・0がその点に関して諸刃の剣であることに注意すべきでしょう。人手不足を解消する技術は失業をもたらす技術でもあるのです。人手不足を解消し過ぎると、今度は人手が余るような事態がもたらされます。インダストリー4・0が技術的失業をもたらす可能性があるというわけです。

インダストリー4・0は「第四次産業革命」と訳せますが、これはドイツ政府が掲げたヴィジョンに過ぎないし、まだこの生産システムは確立されていません。したがって、未来に訪れる第四次産業革命においてドイツ流のインダストリー4・0が主力になるかどうかは分かりません。

似たような取り組みに、アメリカのゼネラル・エレクトリック社を中心とした「インダストリアル・インターネット」があり、そちらの方が有力なのではないかともささやかれています。

第四次産業革命の開始時期は、2030年頃になるでしょう。例えば、経済産業省は、日本で第四次産業革命が実現する目安を2030年としています。1995年に始まる第三次産業革命がそれ以前から準備されていたように、第四次産業革命も現在準備が進行中であると考えられます。

第三次産業革命に関連する技術が一度取り尽くされてから次の革命に移るのか、あるいは前例とは異なって第三次から地続きに第四次の革命に移ることになるのかは分かりません。

第四次産業革命で鍵となる技術、すなわち汎用目的技術（General Purpose Technology, GPT）の候補としては、AIや「モノのインターネット」（IoT）、3Dプリンターが挙げられます。

こうした技術を活用していち早く生産活動の変革に成功した国が、次代の「ヘゲモニー国家」（覇権国家）となるでしょう。「ヘゲモニー国家」とは、アメリカの社会学者イマニュエル・ウォーラステインが示した概念で、世界経済の中核的な地域（欧米）の中で、さらに圧倒的な経済力を有する国家のことです。ウォーラステインは、17世紀のオランダ、19世紀のイギリス、20世紀のアメリカを各時期におけるヘゲモニー国家として位置づけています。

表4-1　汎用目的技術とヘゲモニー国家

	第一次	第二次	第三次	第四次
汎用目的技術	蒸気機関	内燃機関 電気モータ	コンピュータ インターネット	IoT・3Dプリンター AI・汎用AI
ヘゲモニー国家	イギリス	アメリカ（ドイツ）	アメリカ	アメリカ、中国 ドイツ、日本？

18世紀が欠けていますが、この世紀にはオランダに続く覇権をめぐるイギリスとフランスの戦争「第二次百年戦争」が続いていました。最終的にはイギリスがナポレオン戦争（1803〜1815）で勝利を収めることにより、イギリスの覇権が確立したというのが定説です。

ここで重要なのは、表4-1のように、各時期にGPTをいち早く導入し発展させ活用した国が覇権を握っているということです。第一次産業革命では、最初に蒸気機関を生産の現場に導入したイギリスが覇権を握っています。

第二次産業革命は、蒸気機関の代わりに電気モータを工場の動力源としていちはやく取り入れ、内燃機関の補完的発明品である自動車の大量生産を世界で最初に成功させたアメリカとドイツによって主導されました。

20世紀前半は、第二次産業革命を成功させたドイツがヨーロッパで覇を唱えるものの、同じくこの革命を成功させたアメリカ（とアメリカの支援を受けた連合国）に2度の世界大戦で叩きのめされ、アメリカの覇権が確立した時期として位置づけることができます。

こうしてアメリカは20世紀のヘゲモニー国家になりましたが、１９９５年以降の第三次産業革命＝情報革命もまたアメリカによって引き起こされ牽引されました。したがって、21世紀になっても引き続きアメリカがヘゲモニー国家であり続けています。

しかし、次の覇権をめぐる争いが既に始まっています。もしインダストリー４・０が成功を収めれば、ドイツがアメリカに代わってヘゲモニー国家に成り上がる可能性があります。そうなれば、第二次産業革命の際の覇権争いでアメリカに敗れたドイツがリベンジすることになります。

あるいは、汎用ＡＩの技術で優勢になった日本が、次の覇権を握る可能性もないわけではありません。２０３０年頃の日本は人口が1億１５００万人ほどに減っていますが、人口は問題にならないかもしれません。

第一次産業革命当時（１８００年）のイギリスの人口は１６００万人ほどで、3億人以上を有する清朝中国の20分の1ほどでしたが、それでも世界を制覇しました。第四次産業革命後の時代でも、後で述べるような爆発的な経済成長が起こるならば、人口の少ない国であっても、ＧＤＰが途方もなく大きくなり、世界の覇権を握る可能性があります。ただし、日本が覇権を握ることがあるとしても、それは経済的覇権であって軍事的覇権ではないでしょう。日本は「恒久の平和を念願する」国家のはずなので、軍事的に世界を支配することはさしあたりあり得ないからです。

逆に言うと、ＡＩなどの技術を軍事利用しようとしているアメリカや中国に対し、日本のような平和国家が第四次産業革命で優位に立つことは、世界にとって望ましいことであるかもしれません。

汎用ＡＩは社会にどのように導入されていくか？

どの国が最初に汎用ＡＩの開発に成功するにせよ、その出現は世界の多くの国々の経済構造を抜本的に変革させてしまうでしょう。インダストリー４・０の適用は工業分野に限定されますが、汎用ＡＩは工業やサービス業など全ての産業に影響を及ぼします。したがって、汎用ＡＩこそが第四次産業革命におけるＧＰＴの最有力候補だと考えられます。

経済構造の抜本的な変革というのは、汎用ＡＩが平均的な人間の成し得る仕事の大部分を奪ってしまうことから生じます。第２章で私は、生命の壁が存在し、ＡＩと人間の間には感覚の通有性が存在しないと述べました。

それでも、汎用ＡＩが２０３０年頃に実現するならば、その時から急速に人間の労働需要は減少していくものと考えられます。ディフュージョンに時間が掛かるとはいえ、２０４５年頃には人間にしかできない仕事の範囲はかなり狭いものになっているはずです。その過程をイメージしてみましょう。

汎用ＡＩは、まずはパソコンやスマートフォン上の高度な「パーソナル・アシスタント」（電子秘書、ＡＩコンシェルジュ、バトラーサービス）として活躍するでしょう。Siriが今よりも遥かに賢くなって、なんでも要望に応えてくれる様子を想像してみてください。

現在のパーソナル・アシスタントも、音声でお願いすると飛行機やホテルの予約をしてくれます。しかし、それどころではなく「我が社の決算書を作ってくれ」とか「我が社のホームページを作ってくれ」とか「自動車産業の最近の動向を10ページほどの報告書としてまとめてくれ」と命じるだけで、それぞれの作業をたちどころにやってくれるようになります。

企業で上司が部下に命じるような事務作業なら、なんでもこなすことができるでしょう。したがって、企業の事務職が根こそぎ消滅する可能性があります。業種によっては今の20

〜30人規模の会社が社長一人のみで運用できるようになると思われます。

ただし、こうしたパーソナル・アシスタントは、手足を持っていないので、コンピュータ上の仕事しか担えません。お茶汲みや来客の誘導は務められないのです。しかし今ですら、ホワイトカラーの勤務時間の多くの部分がコンピュータを使う作業に費やされているので、ホワイトカラーの労働者は激減するだろうと予想されます。

こうしたパーソナル・アシスタントの次に、汎用AIは「汎用ロボット」の頭脳に搭載されるようになるでしょう。「汎用ロボット」とは、様々な身体的な作業をなし得るロボットです。

ロボットの身体部分に関する技術については、AIにおけるディープラーニングに匹敵するような画期的な技術が出てきておらず、地道なゆっくりとした進歩が続くものと予想されます。

実用的な人工筋肉が開発されれば人間のようにスムーズに振舞えるようになるでしょうが、今のところその気配はなく、ロボットは重い手足をモータでぎこちなく動かすしかありません。

それでも、汎用ロボットの原初的なものなら既に存在しています。それは、リシンク・

ロボティクス社が作った「バクスター」というロボットです。

リシンク・ロボティクス社は、iRobot社を設立しお掃除ロボット「ルンバ」を世に送り出したＡＩ・ロボット研究者ロドニー・ブルックスが新たに作った会社です。バクスターは、大きな二つの腕を持っており、箱詰めや部品の配置、部品の取り付けなど、様々な工場内の作業を行うことができます。

これまでの産業用ロボットは、それぞれの作業に特化したプログラムを必要としていました。そのために費用が高くなり、中小企業では導入が困難でした。ところが、バクスターは作業ごとのプログラムを必要とせず、人間がその腕を動かすことで、作業のやり方を覚え込ませることができます。

こうしたロボットにはパターン認識や機械学習といった最近目覚しい発達を遂げたＡＩ技術が応用されています。ＡＩ技術のブレイクスルーがロボット工学にも革命をもたらしているという点に注目してください。

バクスターにディープラーニングを応用する研究も進められています。その結果、人の振る舞いを見て真似るだけでグラスに水を注いだり、キュウリをスライスしたりすることもできるようになっています。

このような応用は現在盛んになされていて、日本でもファナック社が、ディープラーニングの技術を用いて、人間に教えられることなく様々なモノをつかんで運ぶロボットの開発に成功しています。

このままこうして順調に技術が進歩していけば、今から10年後の2025年くらいには、部屋の片づけや料理、配膳、掃除などの一通りの作業をこなすことのできる家事ロボットが現れているかもしれません。

値段が数十万円まで下落して、庶民の手に届くようになるまでにはもう少し時間が掛かるとは思いますが。レストランでウェイター・ウェイトレスとして活躍したり、格安理髪店でヘアーカットを担当したりするようにもなるでしょう。

ただし、この段階のロボットは頭脳部分についてはまだ人間並みではありません。したがって、レストランの客が「この席は冷房の風が当たって寒いので、あちらの席に移っていいですか？」といった変則的な要望をした時には対応できないでしょう。

そんな時、ロボット店員は生身の店員の助けを必要とします。ちょうど今でも日本の店で働く外国人が、客の言うことを理解できない時に日本人の店員を呼びに行くのと同じような感じです。

汎用ＡＩが登場し、さらにそれが汎用ロボットに搭載されたならば、そうした問題も解決できます。このような汎用ＡＩ・ロボットは、知的にまた身体的に人間と同じように振舞うことのできる頭脳と手足を備えているので、およそ平均的な労働者ができることならばなんでもこなすことができます。「冷房」や「あちらの席」といった言葉の意味もちゃんと理解し、客をしかるべき席に誘導することもできるはずです。

汎用ＡＩが２０３０年に登場するのであれば、その5年後の２０３５年には汎用ＡＩを搭載したロボットが製品化されていてもおかしくありません。それからさらに10年後の２０４５年には、かなり普及していることでしょう。

機械に奪われにくい仕事

それでも人間はそんな汎用ＡＩ・ロボットには負けない幾つかの領域を持つものと思われます。生命の壁が存在するならば、

- クリエイティヴィティ系（Creativity、創造性）
- マネージメント系（Management、経営・管理）

・ホスピタリティ系（Hospitality、もてなし）

といった三つの分野の仕事はなくならないだろうと私は考えています。

「C：クリエイティヴィティ系」は、小説を書く、映画を撮る、発明する、新しい商品の企画を考える、研究をして論文を書く、といった仕事です。「M：マネージメント系」は、工場・店舗・プロジェクトの管理、会社の経営などです。「H：ホスピタリティ系」は、介護士、看護師、保育、インストラクタなどの仕事です。

私はこれらの仕事をまとめて、CMHと言っています。CMHを行うにはいずれも、他人との感覚の通有性を必要とします。クリエイティヴィティやホスピタリティはともかくとして、マネージメントになぜ感覚の通有性が必要なのでしょうか？

工場であれ店舗であれ、人間がいない場合、前例のないような不測の事態が起きた時に、一般的な人間の感覚がないと適切に対処できないからです。第２章で述べたように、ＡＩはレストランにネズミが入ってきた時に、それを叩き潰すべきかどうかあらかじめルールを与えないと判断することができません。人間は自分の脳に問い合わせ、自分で判断することができます。

フレイ&オズボーンの「雇用の未来」では、人間に残される仕事のスキルとして、「クリエイティヴィティ」(創造性)と「ソーシャル・インテリジェンス」(社会的知性)が挙げられています。私は、ソーシャル・インテリジェンスをさらに、マネージメントとホスピタリティに分けて考え、ホスピタリティの重要性を特に強調します。

「雇用の未来」では例えば、バーテンダーが消滅する可能性の高い職業として挙げられています(図1-4)。しかし、酒を出すだけなら機械にもできますが、来客を和ませたり、会話を盛り上げたりといったホスピタリティを発揮することは、他人との感覚の通有性を持つ生身の人間の方が向いています。

近未来では、バーでもレストランでも、安さがウリの店では機械が配膳し、高級店では人間が応対することになるでしょう。

労働者は生き残れるか?

私のこのシナリオでも、CMHに関わる職業に従事する者が全く機械に労働を奪われずに済む、ということではないので注意が必要です。ホスピタリティの面でも機械は人間を追い上げてくるので、機械との競争に負けるバーテンダーは年々増えていくことでしょう。

今でもほとんどの人は、作曲プログラム「エミー」よりもうまく作曲することができませんし、ライブを催して初音ミク以上に観客を集めることもできません。それと同じように、機械以上にホスピタリティを発揮することは、ごく一部の人しかできない名人芸のようになっていくでしょう。

私のような大学教員は、クリエイティヴィティとホスピタリティを必要とする職業だと考えられますが、教員もまた将来的に安泰な職業ではありません。

教育は本来きめ細かい配慮を必要とするサービス業であるはずですが、私も含め少なからぬ大学教員はいまいちホスピタリティを発揮できておりません。授業を聞くより自分で教科書を読む方がよっぽど理解しやすいと学生に思われてしまうことが多々あります。

今でも、ネット上で動画を見るだけの講座が大学教育に取り入れられ、その分だけ生身の教員は節約されています。さらには、ネットで教育動画を提供するサービスである「ムーク」(MOOC, Massive Open Online Courses、大規模公開オンライン講座)が、大学そのものの存在意義を脅かし始めています。

ムークを利用すると、スタンフォード大学やハーバード大学などの講座が無料で見られ、宿題やテストをクリアすると修了証を得ることもできます。ムークの出現によって多くの大学が不必要となるという予想も成されています。

それに対し、ネット上の動画を見るだけでは臨場感が得られないので、これまで通り教室に学生を集めて教鞭をとる授業が引き続き必要だという批判があり得ます。実際、ムークによって学位を得るまで勉強し続けられるのは超優秀な一部の学生に限られます。通信制の大学の卒業率が低いのと同様です。

そうだとしても、AI教授が教室で活躍するようになれば、一部のホスピタリティに秀でた「スーパースター教授」以外の生身の教員は駆逐されてしまうでしょう。AI教授に高価なロボット式の身体は必ずしも必要ありません。初音ミクのような3Dホログラムのキャラクターに喋らせるだけで十分です。生身のおっさん教員よりもそっちの方がよっぽど学生の学習意欲を高められそうです。

そうすると、多くの教員がお払い箱になるかもしれません。私めのせめてもの願いは、AI教授の小間使いとして、出席カード配布などの雑務を真面目にこなすのでクビにだけはしないでくださいということです。

もちろん、教育だけでなく研究もまた大学教員の大事な職務です。しかし、クリエイティヴィティに関わるこの研究という行為すらもAIに代替されてしまう可能性があります。

それに関して、経済学者の早稲田大学・若田部昌澄《まさずみ》教授は「人工知能は経済学者の夢を見るか？」という問いを立てています。

　現在、経済学ではデータを解析するような研究が最も盛んになっています。例えば、アメリカの経済学者スティーブン・レビットは、日本の大相撲で八百長が起きたということを、データを使って実証するような研究論文を２００２年に発表しています。

『21世紀の資本』で有名になったフランスの経済学者トマ・ピケティは、データを丹念に追うことによって、資本家と労働者の格差が拡大していることを示しています。

　要するに、経済学者はデータサイエンティストに近くなってきているということです。データを解析することにかけては、いずれＡＩの能力は人間を遥かに凌駕するようになりますが、それだけなら人間にはなお論文を書くという作業が残されています。

　ところが、汎用ＡＩはデータを解析して結果を論文にまとめてジャーナル（学術雑誌）に投稿するという研究者としての作業の全てを、人間の介在なしにできるようになります。しかも、人間とは比べられない速さで一連の作業をこなすことができます。

　比較的勤勉な生身の経済学者が半年掛けて１本の論文を書くのに対し、汎用ＡＩは例えば一時間に１本の割合で論文を仕上げていくことでしょう。ＡＩが人間に代わって経済学者となる公算はかなり大きいものと思われます。

同様のことは、社会学や心理学、自然科学全般に当てはまります。飛躍的な発想ができる一部のスーパースター研究者は職を追われずに済むでしょうが、多くの生身の研究者は駆逐される運命にあります。

他の職業でも同じようなことが起きます。ありふれた調子の曲しか作ることができない作曲家や感覚の通用性に基づいた細かい配慮のできない介護士は、汎用ＡＩ・ロボットとの競争に負ける可能性があります。

全人口の1割しか働かない未来

このように、機械が人々の雇用を順調に奪っていくと、今から30年後の２０４５年くらいには、全人口の１割ほどしか労働していない社会になっているかもしれません。２０１５年度の就業者数は全人口のおよそ半分の６４００万人です。

総務省統計局労働力調査の「産業、職業別就業者数」によれば、クリエイティブ系、マネージメント系、ホスピタリティ系と位置づけることができる「管理的職業」「専門的・技術的職業」（研究者や教育者、医者など）「サービス職業従事者」（介護、調理、接客・給仕など）の合計は、２０００万人ほどです。

前述したように、そういった職業でもＡＩはある程度人間を代替するでしょう。あるいは例えば、レストランが「無人に近い格安レストラン」と「人間が応対する高級レストラン」の二手に分岐するといったことも考慮しなければなりません。

そうすると、２０００万人の内の半分くらい、１０００万人くらいしか生身の労働者は必要とされなくなっている可能性があります。全人口の１割弱ですが、とりあえず１割としておきましょう。

非現実的な予測に見えるでしょうか？　少し細かいことを言っておくと、残りの９割の中にも仕事をしている人はいるでしょうが、ちょっとしたバイト程度だったり、フルタイムの仕事でも生活するにはとても足りない額しか稼げていなかったりという有り様です。あるいは、終身雇用制度の存在ゆえに会社に雇用され続けているものの大した仕事はなく、社内失業の状態にあるということも考えられます。

要するに、２０４５年には、内実のある仕事をし、それで食べていけるだけの収入を得られる人が１割程度しかいない可能性がある、ということが私の主張の意味するところです。

ただし、2030年くらいに汎用AIが実現するということが前提になっています。しかも、その前提が満たされてもなお、これは考え得る未来のシナリオの一つに過ぎません。AI技術の発展スピードや企業による導入スピード、経済政策しだいでは、もっと多くの人がまともに労働している経済になっている可能性もあります。

1割ほどしか労働していないという予想は、私が想定する中でも極端に悲観的（あるいはAI研究者の立場からすれば楽観的）なものですが、議論を進める上での目安にはなるかと思います。

ここで、もう少し権威のある研究に基づいて未来の就業者数を簡単に予想してみましょう。フレイ&オズボーンの「雇用の未来」にしたがえば、15年（10〜20年なので間をとって15年）後の2030年には就業者が今の約半分になります。

フレイ&オズボーンは、その先のことは述べていませんが、さらに15年経った2045年には半分の半分つまり4分の1になるとしましょう。日本では現在全人口の50％程度が働いているので、4分の1ならば約12・5％でやはりおよそ1割です。

私のシナリオは、これとは異なっています。ただ、ここで理解してもらいたいのは、2045年頃に全人口の1割しか労働していない社会が到来するという予想はそれほど突飛なものではなく、私の単なる妄想として片付けることのできない現実的な未来図だということです。

純粋機械化経済

私のシナリオでは、２０４５年に１割ほどの創造的だったりホスピタリティの高かったりする人間はなお、機械との競争に勝ち続け労働していることになります。しかし、経済的インパクトを考えるには、その１割を無視して、全ての人間が機械との競争に敗北したものと近似して構わないでしょう。

ただし、労働者が機械よりも技能が劣っていたとしても、生身の労働者の賃金が速やかに下落し、企業が汎用ＡＩ・ロボットを購入したりレンタルするコストよりも、賃金の方が安いのであれば労働者を雇い続ける可能性があります。

しかし、経済学の教科書が教えるところによれば、賃金には「下方硬直性」があります。要するに、賃金は下がりにくいということです。「来月からお前の給料を20万円から18万円に下げる」と雇い主から言い渡されたら、私たちは烈火のごとく怒り狂って抵抗するはずです。この抵抗のために、賃金は下方硬直的となるのです。

給料が下がったらたまらないので、そのような抵抗は個々人にとっては合理的です。しかし、社会全体にとっては合理的ではないかもしれません。賃金が下げられないのであれば、一部の社員をクビにしてロボットを導入した方がコストダウンになると経営者が考えるからです。クビにするのが難しければ、新入社員の採用を控えるという手立てをとることもできます。

いずれにしても、失業者が増大することになります。失業者が増えることは、世の中全体にとって喜ばしいことではありません。このように、個々人にとって合理的な行動が全体にとっては害悪になることを「合成の誤謬」と言います。賃金の下方硬直性は、合成の誤謬を生じさせ失業をもたらします。たとえ、社会全体の利益を慮って個々人が賃下げに同意したとしても、なお問題が残ります。人を雇うにはコストが掛かります。日本では、企業は被雇用者の厚生年金を半額負担しなければなりません。賃金が低くてもそのような負担を企業が忌避する可能性があります。さらに賃金は、法律で定められた最低賃金を下回ることがありません。ロボットの価格が幾らでも安くなる可能性があるのに対し、人間の賃金は最低賃金未満にはなりません。最低賃金という下限に突き当たった時、もはや賃金下落による雇用の増大は期待できなくなります。

ソフトバンクのロボットPepperのレンタル価格は現在一時間１５００円です。(Pepperのサポート要員の給料などは考慮していません。)最低賃金は都道府県によって異なっていますが、東京都では時給９００円ほどです。その差はわずか６００円しかありません。

もちろん、今はまだPepperのようなロボットにできることは限られています。しかし、汎用ＡＩが出現してから、それを搭載した汎用ロボットのレンタル価格が人間の最低賃金を下回るようになるまでに、それほど長い時間は掛からないでしょう。

以上のような理由により、汎用ＡＩが出現してしばらくした後に、労働者の多くが雇用されず、汎用ＡＩ・ロボットが生産活動に全面的に導入されるような経済が到来する可能性があります。そのような経済を「純粋機械化経済」と呼ぶことにしましょう[31]。

第１章で述べたように、最初の産業革命によって生産の機械化が成されたので、それ以降の経済、つまり資本主義経済を「機械化経済」と言い換えることができます。

「機械化経済」では、図４‐１のように「労働」と「機械」が協同して生産活動を行っています。この場合の「機械」とは生産に必要な生産設備のことで、経済学では「資本」とも呼ばれます。「労働」とは労働者、つまり人間のことです[32]。

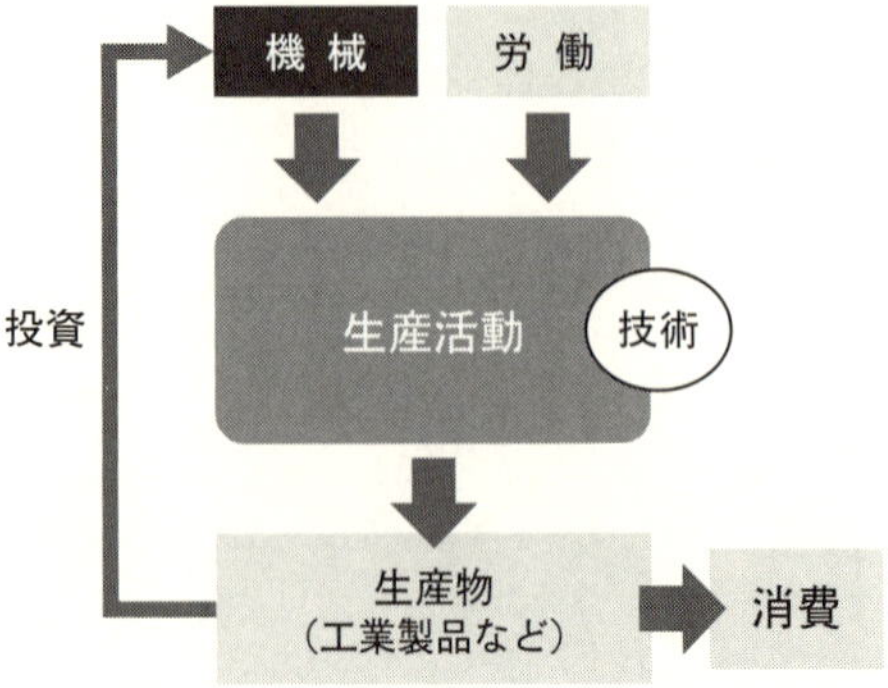

図 4-1　機械化経済（既存の資本主義）の構造

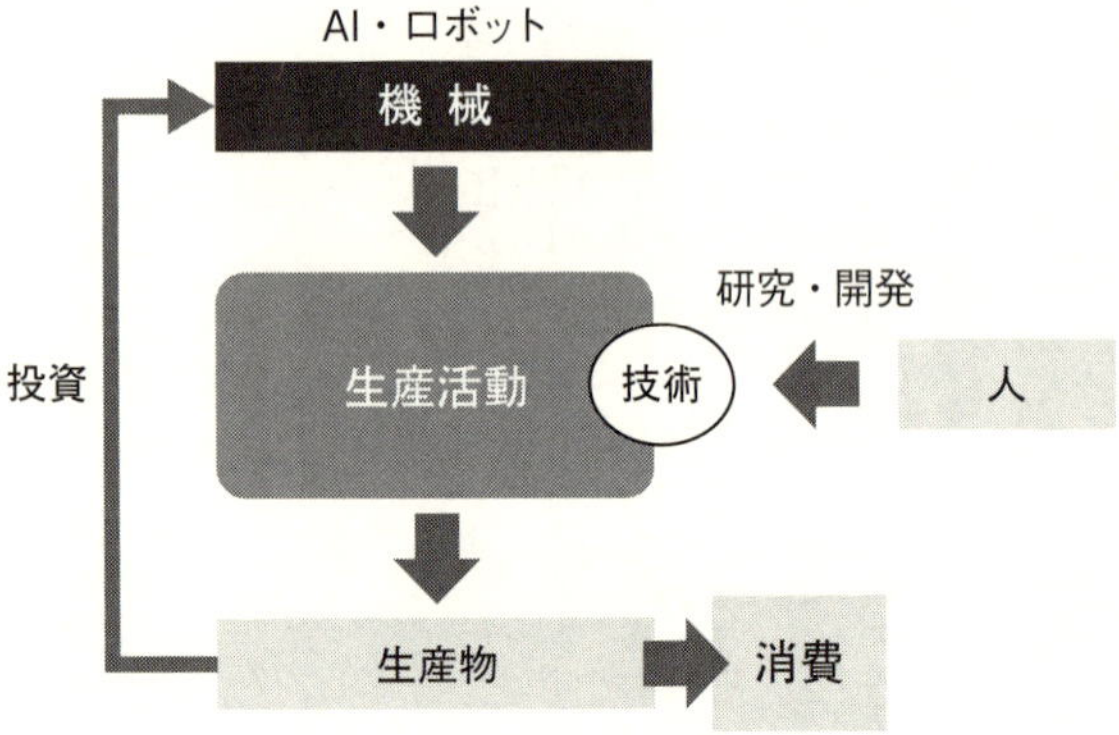

図 4-2　純粋機械化経済の構造

第四次産業革命では、生産活動が「純粋に」機械化されます。それ以降の経済、つまり「純粋機械化経済」では、図4-2のように労働が必要なくなり、AIやロボットなどの機械のみが直接的な生産活動を担うようになります。機械が「生産の手段」から「生産の主力」に成り代わるわけです。

ただし、図4-2に「技術」とありますが、人間は、新しい技術の研究や新商品を開発するようなクリエイティブな仕事に引き続き携わることでしょう。あるいは、前述したように、マネージメントやホスピタリティに関わる仕事も人間に残される可能性があります。純粋機械化経済は、それらを例外として機械のみによる生産活動が全面化し、極度にオートメーション化が進んだ経済なのです。

私が思い描く第四次産業革命は、新たなGPTである汎用AI・ロボットが引き起こす革命で、それは、2030年くらいから進展し、2045年くらいにはおよその純粋機械化経済の形を作り上げるものと思われます。

実際に歴史がこの通りに進むかどうかは分かりませんが、あり得べき未来のシナリオの一つとして見てください。このシナリオにしたがって考えると、2030年頃から汎用AIを導入した国とそうでない国とで経済成長に関する大きな開きが生じていきます。この

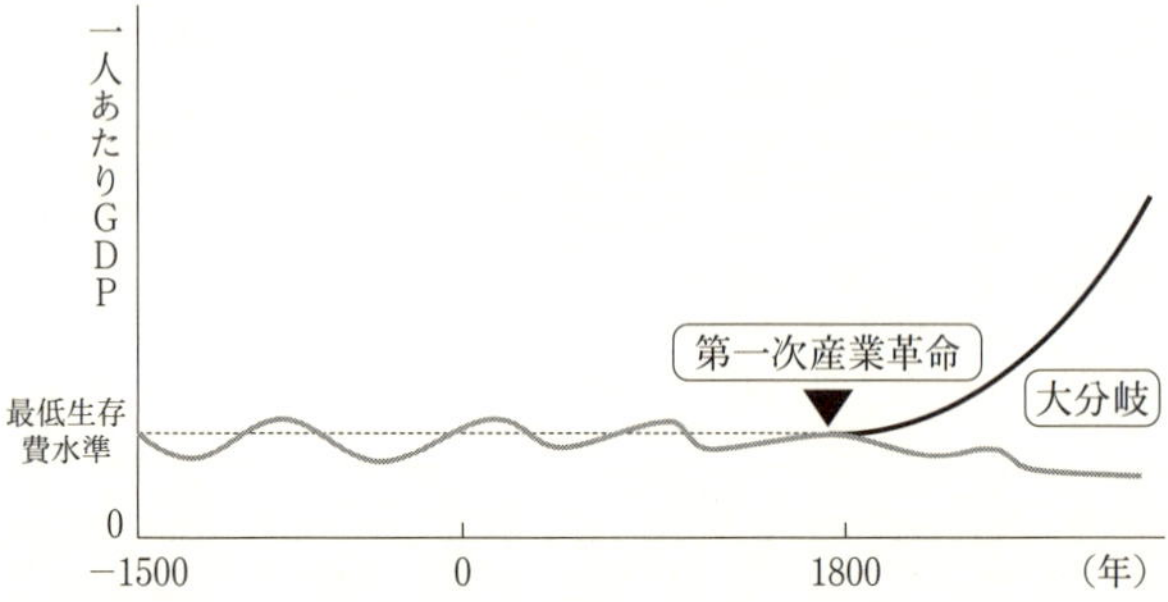

グレゴリー・クラーク『10万年の世界経済史　上』（日経BP社）を基に作成

図4-3　大分岐

開きのことを「第二の大分岐」と私は呼んでいます。

19世紀の第一次産業革命の頃に、蒸気機関などによる機械的生産を導入した欧米諸国と導入しなかったアジア・アフリカ諸国との間に経済成長に関する最初の「大分岐」が生じました。それと似たようなことが21世紀に起きるというわけです。最初の大分岐はどういうものだったのかを先に見ておきましょう。

大分岐

図4-3に表されているように、人類の生活水準は歴史の黎明期から最初の産業革命の時期に至るまでほとんど変化していません。一人あたりGDPが、子供を生み育てるのにせいいっぱいの生活水準である「最低生存費水準」から、大きく逸脱することは

なかったのです。

生産に関する人類の知識や技能が何も進歩していなかったというわけではありません。そうではなく、技術進歩や開墾によって穀物の収穫量が増大しても、その分だけ人口が増大するので、一人あたりの食い扶持は変化しないのです。これを「マルサスの罠」といいます。

「マルサスの罠」は、ちょうど産業革命期に、イギリスの経済学者マルサスによって『人口論』で示されました。それによれば、農業中心の経済では、一人あたりの土地面積が多いほど、多くの農作物を食べることができるので、人々は豊かに生活できます。

土地に対し人口が少ない程人々の生活は豊かになるのです。ただし、豊かな環境では人々はその分だけ多くの子供を作ってしまいます。そうすると今度は、土地に対する人口の割合が多くなり、人々は貧しくなります。

したがって、技術の向上や耕作地の拡大によって生産量が増大しても、人々は一時的にしかより健康で幸福な生活を送ることができず、最終的には元の生活水準へと戻り、人口だけがただ増大する結果に終わってしまいます。これがマルサスの罠のメカニズムです。

例えば、16世紀頃に新大陸からヨーロッパへもたらされたジャガイモは、小麦の３倍の

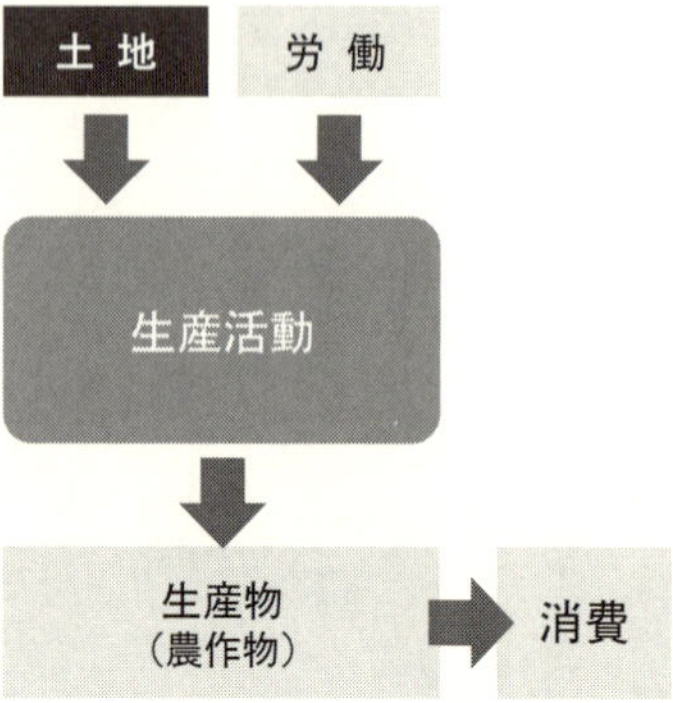

図4-4　農業中心の経済

生産性がありました。アイルランドでは特にジャガイモの栽培が盛んになりましたが、人口も3倍ほどに増大し、生活水準はほとんど向上しませんでした。

あるいは前章で述べたように、清朝の中国でもサツマイモやトウモロコシが流入し食糧が増産されました。しかし、ここでも人口が爆発的に増大し、人々の生活向上には繋がりませんでした。

このような技術と人口、生活水準の関係を根本的に覆してしまったのが、第一次産業革命です。マルサスが『人口論』を著した頃までは、どの地域でも人類は自らの目覚しい繁殖力によって貧しい暮らしを余儀なくされていました。

ところが、ちょうどその頃、マルサスの罠からの劇的な脱却が起こり始めていました。産業革命期のイギリスでは、人口がかつてない勢いで増大しました。しかし、それを振り切るほどのスピードで生産性が上昇し、生産量が増大しました。

図4―4に表されているように、農業中心の経済では、生産活動に必要な主なインプット（投入要素）は土地と労働で、アウトプット（生産物）は農作物です。あたり前ですが、土地を人間が作り出すことはできません。したがって、開墾したり、二毛作（一年に稲と麦などの二つの作物を栽培すること）を取り入れたりしたところで、自ずと生産量には限界があります。

それに対し、図4―1のように、工業中心の経済である「機械化経済」では、生産活動に必要な主なインプットは「機械」と「労働」で、主なアウトプットは工業製品です。つまり、機械そのものも工業製品であり、人間の手によって作り出すことができます。アウトプットの内、家計が消費する以外の部分は投資と言いますが、投資することにより機械＝資本を増やすことができます。そうすると、より多くの工業製品を作り出せます。

このような循環的なプロセスにより、機械＝資本は無際限に増殖し、生産量も無際限に増大していきます。これが要するに資本主義というものです。このプロセスは、マルクス経済学では「資本の自己増殖運動」などと言われています。

技術進歩によって機械の生産効率は上昇しますが、それとともに、機械＝資本が絶え間なく増殖していくことによって、ＧＤＰの持続的な成長が可能となります。

19世紀の欧米諸国が持続的に経済成長する路線を辿り出した一方で、他の国々はまた別の路線に乗っていました。図4-3の一人あたりGDPを表すグラフは、産業革命期において、ワニが口を開いたみたいに二手に分かれています。

イギリスを始めとした欧米諸国の経済は、工業化し機械化することによって上昇路線を辿りました。それに対し、アジア・アフリカ諸国などの経済は停滞路線を辿り、欧米諸国に収奪されることによりむしろ貧しくなりました。

こうして世界は豊かな地域と貧しい地域に分かれてしまいましたが、これこそが最初の「大分岐」（大いなる分岐、Great Divergence）です。この言葉は、アメリカの歴史学者ケネス・ポメランツが2000年に出版した書籍『大分岐』に由来します。ポメランツによれば、18世紀、中国の長江河口のデルタ地帯（巨大な三角州がある地帯）ではイギリスと同様に、市場経済の発展が見られました。それにも関わらず、中国ではなくイギリスが世界に先駆けて、国民所得が年々増大していくような経済に移行できた理由は、石炭が比較的採掘しやすい位置にあったことと、広大な植民地を持っていたことにあると言っています。

ポメランツのこの主張に対しては多くの批判が寄せられていますが、それに対する再批判もあり、これらはひっくるめて「大分岐論争」と呼ばれています。今世紀に入ってから、経済史の分野で最も熱い関心が寄せられているこの論争に、私自身も取り憑かれたように強い興味を抱いていますが、ここでは深入りしないことにします。ただ、図4−3の分岐したグラフと「大分岐」という言葉を頭に入れておいてください。

既存の資本主義における経済成長

最初の産業革命から現代まで続く資本主義の経済構造がいかなるものかを確認するために、今一度図4−1を見てください。インプットが「機械＝資本」と「労働」で、アウトプットが工業製品やサービスなどの「生産物」です。ここでは例えば、4台の機械と9人の労働者というインプットを使って、6台の自動車をアウトプットできるものとします。

そして、インプットをそれぞれ2倍にして、8台の機械と18人の労働者を使えば、アウトプットも2倍になり12台の自動車が生産できるものと考えます。このような性質を経済学の用語で「規模に対して収穫一定」と言います。つまり、インプットを2倍にすると、アウトプットも2倍になるというような性質です。

これまでの資本主義経済では、「規模に対して収穫一定」という法則がおよそ成り立っているものと考えられています。このような経済では、生産を2倍にしようと思ったら、機械の台数と労働者の人数をともに2倍にしなければなりません。

マクロ経済全体で、労働者の人数を増やすには人口を増やさなければなりません。ところが、政策的に人口の増大を促進することは困難ですが、たとえそれが可能であったとしても、人口一人あたりのGDPは増大しません。

「一人あたりGDP」こそが個々人の生活の豊かさを表しており、これはGDPを人口で割ることで求められます。人口が増えることでGDPが増えても、「一人あたりGDP」は結局変わらず、個々人の生活はちっとも豊かになりません。

それなら、機械の台数を増やしたら、どうでしょうか？　しかし、これも超長期的には、はかばかしい効果は得られません。台数を増やす度に、生産力はあまり増大していかなくなるからです。

労働者の人数が変わらないのに、機械だけ増やしていっても、自動車の生産量はだんだん増大しなくなります。

このように機械なら機械のインプットを追加していく度に、生産力がそれほどアップしていかなくなるこの現象を経済学では「限界生産力逓減」と言います。「限界」というのは「追加的」を意味する経済学独特の言い回しです。

ここでまた、図４-１の「投資」と書かれた矢印に注目してください。機械自体も生産物なので、機械の台数を増やす度に生産力はあまり増大していかなくなるということは、機械の台数もあまり増えていかなくなることを意味します。

したがって、超長期的には図４-１のインプットの増大が経済を成長させる効果はそれほど得られなくなり、やがて「技術」の水準が上昇する割合、すなわち「技術進歩率」のみが経済成長率を決定付けることになります[33]。

前章で述べたように、キャッチアップの途上にある国々では機械＝資本が不足しているので、それを急速に増やすことで高度経済成長が可能になります。その際、１９６０年代の日本のように10％を超えるような経済成長率となることもあります。

しかし、機械＝資本の限界生産力が逓減していくと、やがて高度経済成長は終焉し低成長時代を迎えます。この低成長時代では、技術進歩率に見合った経済成長率しか実現せず、それはおよそ２％前後となります。

既存の資本主義の経済構造のままである限り、中国であれインドであれいずれはそのような低い成長率に落ち着くことになります。

純粋機械化経済における経済成長

次に2045年にはある程度実現しているかもしれない純粋機械化経済について考えてみましょう。この経済の構造は、図4‐2のように表されます。生産活動に必要なインプットはAIやロボットといった機械のみで、労働は不要となっています。

このような経済に関する数理的なモデルを作って経済成長率を計算してみると、たとえ技術進歩率が一定であっても、年々経済成長率が上昇していくことが分かります(34)。これは、今まで人類が経験したことのない事態です。

繰り返しになりますが、これまでの資本主義「機械化経済」では、超長期的には2%ほどの成長率に落ち着きます。成長率が年々どこまでも上昇していくなどという事態は起きたことがありません。

「機械化経済」と「純粋機械化経済」でなぜ、このような違いが現れるのでしょうか?

機械化経済では、図4‐1のように機械と労働の両方がインプットとなっています。この経済では、労働の必要性が一人あたりGDPの増大にとってボトルネックになっています。

それに対し、純粋機械化経済では図4‐2のようにボトルネックたる労働を捨て去ることで、爆発的な経済成長が可能となります。

機械のみでオートマティックに自動車を生産することができるのであれば、機械を増やすのに比例して、自動車の生産量は増大していき、それは衰えることがありません。機械を1台追加していく度に、生産性がどこまでもアップしていくわけです。つまり、限界生産力は逓減しないことになります。

あらゆる産業で労働が不必要となる純粋機械化経済は、機械＝資本の限界生産力が逓減しない経済です。そしてこの経済では、機械＝資本そのものが産出物であり、幾らでも作り出すことができます。

図4-2の「投資」という矢印の循環に注目してみると、これは言わば「機械による機械の生産」[35]を無限に繰り返し、生産規模をどこまでも拡大させていくプロセスです。

その拡大のスピードそのものが技術進歩によって速められているので、経済成長のスピードも速まっていくのです。それゆえに、技術進歩率が一定であったとしても経済成長率は高まっていくわけです。

ここでちょっと補足しておきますが、純粋機械化経済において年々上昇していく経済成長率は正確には「潜在的な成長率」です。これは、「需要制約」を考慮しておらず、この通りの成長率が実現するとは限らないということを意味します。

一般に経済学は長期には供給側の要因のみがＧＤＰを決定付けるものと考えます。需要不足によってＧＤＰの水準が低くなったり、経済成長率が下がったりといったことが短期的にはあり得ても、長期的にはあり得ないというわけです。

したがって、機械がオートマティックにどんどん商品を作り出していっても、需要側がそれに追いつかないので、長期的にＧＤＰの成長がその分滞ってしまうなどという事態は想定されていないのです。

しかし、私はそうした支配的な経済学の教義に反して、需要が長期に渡って経済成長の制約になることがあり得ると考えています。純粋機械化経済ではなおさらそのような事態が起こりやすくなるでしょう。

前章で述べた通り、需要不足の解消には金融政策が有効です。ところが、純粋機械化経済では、マネーストックを増やして消費需要や投資需要を増大させても、ＡＩ・ロボットなどの機械の需要が増大するばかりで、人間の労働に対する需要はほとんど増大しません。なぜなら、機械こそが生産の主力になっているからです。

例外的に、クリエイティヴィティやホスピタリティの面で優れた人間の仕事は増大し、彼等はひっぱりだこになるでしょう。しかし、機械との競争に負けている平均的なスキルを持った労働者の需要は増大しないのです。

第二の大分岐

純粋機械化経済の出現は、人類が経験したことない未曾有の事態であり、第一次産業革命以来の経済構造の大きな変動と言うことができます。

第一次産業革命以前にも経済構造が変化したことがあり、それは紀元前1万年頃から始まった「定住革命」です（図3―1）。定住革命によって狩猟・採集から農業中心の経済に転換し、図4―4で表されるような経済構造になりました。

欧米諸国は、第一次産業革命により生産活動に必要な要素が機械と労働であるような資本主義経済に移行し、マルサスの罠から脱却しました。

第二次、第三次産業革命が起きた際には、機械と労働の二つがインプットであることには変わりなく、経済構造の大きな変動は見られませんでした。しかし、汎用ＡＩによって第四次産業革命が引き起こされると、生産活動に必要なインプットが機械だけであるような純粋機械化経済に移行します。この経済では成長率が年々上昇します。

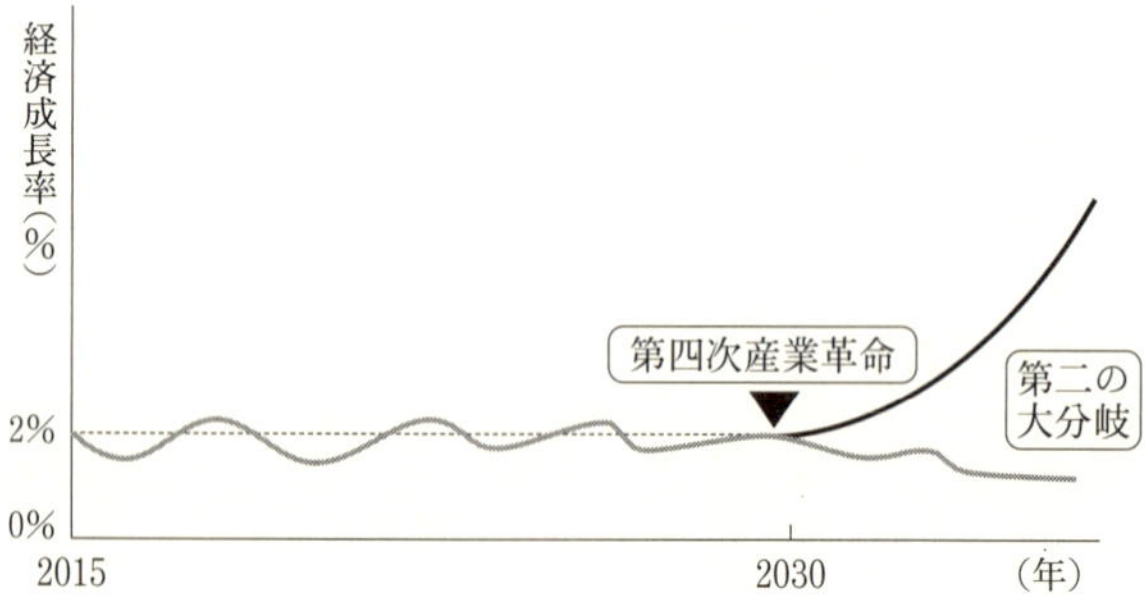

図4-5　第二の大分岐

もし、汎用ＡＩを導入した国とそうでない国があるとするならば、図４－５のように差が開いていきます。この図では縦軸が経済成長率で、図４－３の方では一人あたりＧＤＰです。似たようなグラフですが、縦軸が異なっているのでご注意ください。

このように差が開いていくことを私は「第二の大分岐」と呼んでいます。この分岐において、ＧＰＴとしての汎用ＡＩをいち早く導入した国々が経済面で圧倒的となり、導入が遅れた国々を大きく引き離すことになります。

ただし、図４－５は言わば理念的なものであって、現実には２０３０年に突然、純粋機械化経済に転換するわけではないでしょう。汎用ＡＩ出現以前にも、産業によってはオートメーション化が進行するし、ある程度の汎用性を持ったＡＩは２０３０年

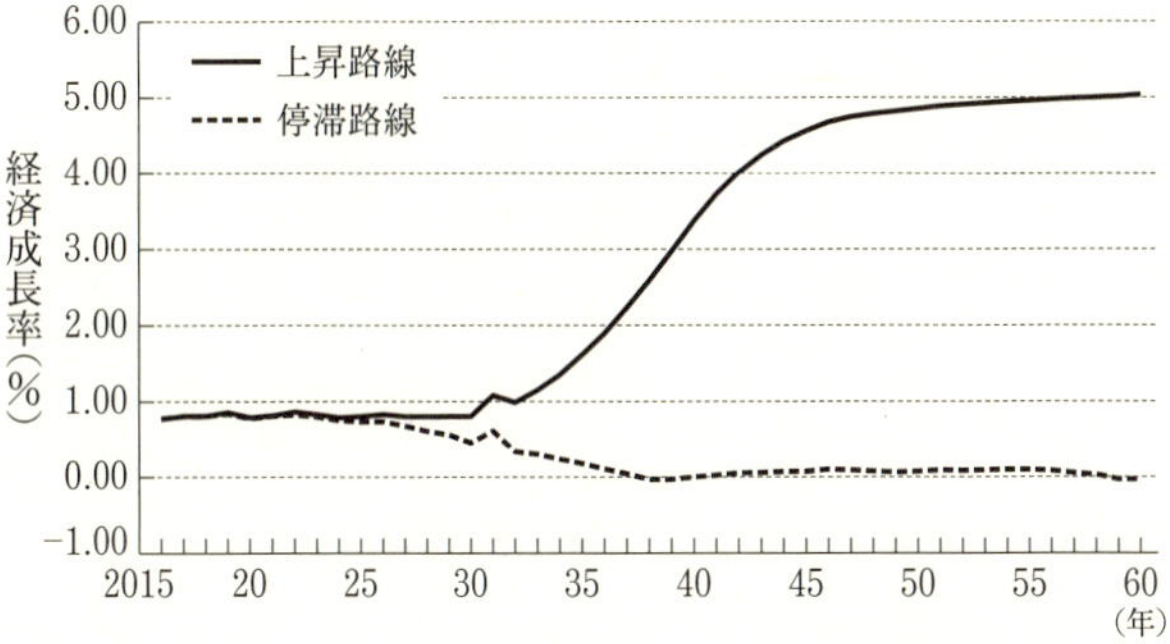

図４-６　日本の経済成長率の予測（上昇路線と停滞路線）

以前にも開発されるものと考えられます。

２０３０年以前から徐々に変化が起こり、２０３０年以降変化は加速していき、２０６０年くらいに純粋機械化経済への移行が終わる。そのような仮定に基づいてシミュレーションし、今後の日本経済の成長率をグラフとして描いた場合、図４-６の実線のようになります。点線の方は第３章で既に示されたものと同じで、このまま経済構造が何も変わらず、技術進歩率も変わらなかった場合の今後の経済成長率です。

言い換えると、図４-６の実線は日本が「第二の大分岐」の上昇路線に乗った場合の経済を、点線は停滞路線に乗った場合の経済を表しています。

19世紀に起きた最初の大分岐では、ＧＰＴである蒸気機関などの機械を導入した欧米諸国は上昇路線に乗り、そうでない国々は停滞路線に取り残されました。欧米諸国は世界を制覇し、アジア・アフリカなどの他の地域は従属させられ食い物にされました。

日本は、蒸気機関を動力とした汽船つまり蒸気船に乗ってやってきた欧米人に開国を迫られた後、欧米に遅れをとりながらも大分岐の上昇路線に乗ることができました。

第二の大分岐を前にして、「AIは人類に反旗を翻したり労働者から雇用を奪ったりするので、AI技術の研究開発を禁止すべきだ」というネオ・ラッダイトの考えを日本が取り入れたものと仮定しましょう。

AI技術を海外から導入することも禁止します。ちょうどAIに限っての鎖国をするようなものです。そうすると、日本は第二の大分岐において停滞路線の方に取り残されることになります。

そのまま日本が「AI的鎖国」を守ることができれば平和裏に過ごすことができるかもしれません。しかし、上昇路線に乗った国々はそのうち、AI的開国を迫ってくると思われます。

黒船の代わりに何に乗ってくるのか分かりませんが、AIを導入せよと脅しを掛けてくるというわけです。そこから日本が巻き返す可能性もありますが、最初の大分岐における大半のアジア・アフリカ諸国のように食い物にされる可能性もあります。

以上はかなり戯画的な想定であり、そもそもＡＩ的鎖国など日本では不可能です。今の中国がグーグルの利用を禁じているように、海外の様々な情報技術の導入を禁止しなければなりません。しかし、日本が民主主義国家であり続ける限りそのような選択はあり得ないでしょう。

そうはいっても、日本がＡＩの研究開発を怠ると停滞路線に取り残されるということに変わりありません。第三次産業革命に日本が乗り遅れた結果、私たちの暮らしは、パソコンの基本ソフトウェアはウィンドウズ、検索エンジンはグーグル、ネット上のショッピングはアマゾン、スマートフォンはiPhone、ＳＮＳはフェイスブックやツイッターを使うような体たらくです。それらの製品・サービスで得られる収益はアメリカの各企業に持っていかれます。

これになぞらえると、第四次産業革命に日本が乗り遅れた場合、ロボットが働く無人の工場・店舗を所有する外国資本の企業から商品やサービスを購入しなければならなくなります。極端な話、日本企業は全く収益が得られず、日本人の収入の道は絶たれるということになりかねないのです。

したがって、ＡＩの発達が危険性を孕んでいるとしても、日本だけがその研究開発を止めるのは最悪の選択となります。仮にＡＩが人類を滅ぼす危険性があるとして、日本だけがＡＩの研究開発を禁止してもその危険性はなくなりません。

それに、日本に敵対する国やテロ組織、犯罪集団が軍事ロボットを持つ可能性がある限り、日本はそれらに対する防衛手段を講じるためにもＡＩの研究開発を続けなければならないでしょう。自ら軍事用ロボットを持つことはないにせよ、相手の使っている技術を知らなければ対抗することは難しいからです。

日本は、汎用ＡＩの分野で優位に立ち、第四次産業革命で他国をリードできる可能性を持っています。せっかくのその可能性を潰すことなく、むしろ汎用ＡＩの研究開発を促進すべきでしょう。その技術を平和利用し世界中の人々が豊かに暮らせるように役立てることこそが日本の使命だと思います。

資本主義の自然死

２０３０年頃に第二の大分岐が起こった後、いち早く汎用ＡＩを導入し上昇路線を辿った国ばかりでなく、停滞路線を辿った国も遅れながらもやがて純粋機械化経済へ移行するでしょう。しかし、後者では外国資本に食い物にされて、成長率の上昇は見込めないかもしれません。

もし日本がいち早く上昇路線を辿ったならば、2045年頃には早くも純粋機械化経済に近い形になっているでしょう。例によって、1割ほどの人は働いているかもしれませんが、その点はとりあえず無視して話を進めましょう。

第1章で、資本主義を「労働者が機械を使って商品を生産するような経済」と定義しました。純粋機械化経済に至ると、労働者が機械を使うのではなく、機械が労働者のハンドリングなしに自ら生産を行うようになります。

そういう意味では、資本主義が消滅するとも言えます。社会主義といった別の経済体制に転換するまでもなく、資本主義は進化の果てに自死するというわけです。あるいは、次のヴァージョンの資本主義へと進化すると言うこともできます。純粋機械化経済は、「資本主義2・0」というわけです（図3‐1）。

いずれにせよ純粋機械化経済では、多くの労働は汎用AI・ロボットによって行われるので、人間は労働から解放されます。レジャーとしての仕事、楽しみとしての仕事は残るでしょうが、賃金を得るための労働はあらかたなくなります。その時立ち現れる社会を

「脱労働化社会」と言って良いかもしれません。

しかし、そのような労働のない世界で、人々は一体どこから所得を得るのでしょうか。人々は遊んで暮らせるようになるのか、それとも単に機械に仕事を奪われて食べていけなくなるのか。そのような疑問が抱かれます。

ここでは単純化のために、人々を労働者と資本家に分けて考えましょう。労働者は賃金労働をする人、資本家は工場や店舗、会社などを所有したり、それらの運転資金を提供する人です。労働者の収入源は賃金所得であり、資本家の収入源は利子や配当です。

もちろん会社員が株式の配当で小遣い稼ぎをしているような現代の経済では、マルクスの生きた19世紀のように資本家階級と労働者階級がはっきりと分かれているわけではありません。

そうではあるものの、一方で労働をしていたとしても利子や配当だけでも生活していけるほんの一握りの恵まれた人々がいて、他方で利子や配当を得ていたとしてもそれだけでは食べていけず生活のために働かざるを得ない多数の人々がいることは間違いないでしょう。

そのような現実を踏まえれば、人々を「賃金のみから収入を得る労働者」と「利子や配

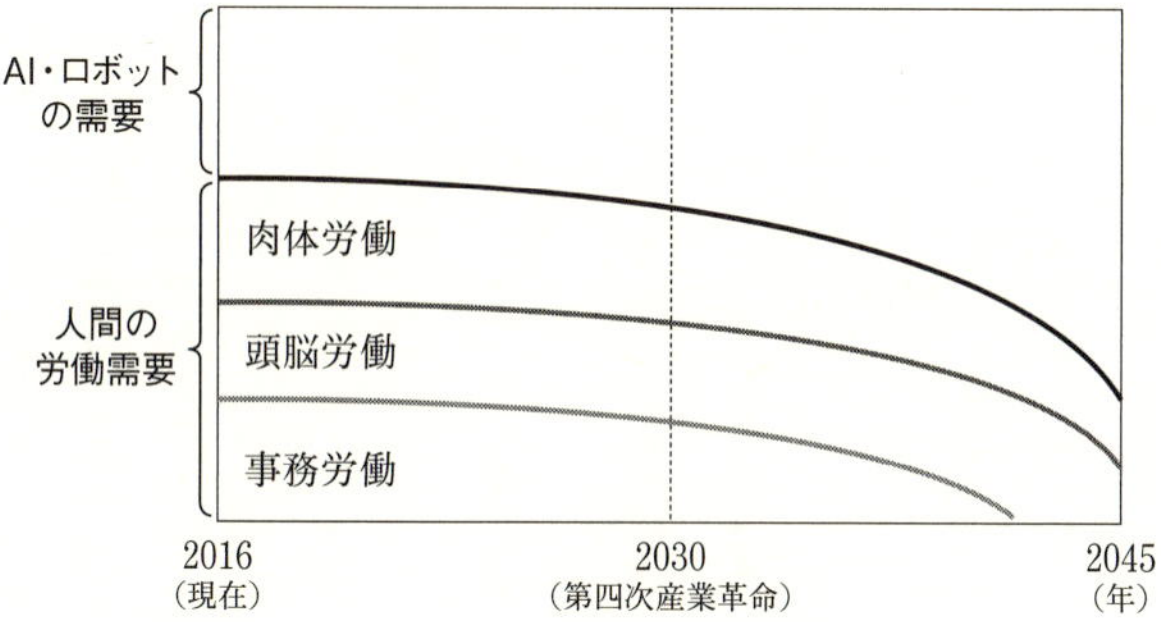

図 4-7　労働需要の減少化傾向

当だけで収入を得る資本家」という2タイプに分けて単純化しても差し支えなさそうです。

こうした労働者や資本家の収入は、汎用ＡＩ・ロボットの普及によってどのような影響をこうむるでしょうか。労働者の方は、純粋機械化経済の中で生き続けることができるでしょうか。

２０４５年の未来では、ロボットが商品を作る無人工場があり、それを所有する資本家のみが所得を得て、労働者は所得を得られないかもしれません。図４－７にあるように、ＡＩ・ロボットに対する需要が増大するにつれて、それを所有する資本家の所得も増大していきます。一方、人間の労働需要が減少していくにつれて労働者の所得は減少していき、ゼロに近づいていきます。

この長期的傾向は、ピケティが『21世紀の資本』で示した「資本分配率の上昇による格差拡大」という実証結果と整合的です。所得は「資本の取り分である利子・配当所得」と「労働の取り分である賃金所得」の2つに分けられ、資本分配率は前者の割合を意味します。

この資本分配率が上昇しているがために、所得格差が拡大しているとピケティは指摘しています。ただし、ピケティのいう資本には、工場や機械の他に、土地や住宅など一般に「資産」とか「富」と呼ばれるものも含まれており、その点注意が必要です。特にイギリスやフランスでは、都市部の土地を保有することから得られる収益が目立って拡大しています。

工場や機械などの生産手段の保有者、つまり経営者や株主の収益のシェアが拡大する傾向は現在でも見られますが、それが際立つようになるのはこれからだと思われます。労働者をAI・ロボットに置き換える度に、労働者の取り分が減って経営者や株主の取り分が増えていくからです。

現在のアメリカにおける所得格差の多くの部分は、金融業界やIT業界で働くエリート労働者とそれ以外の労働者との賃金格差によってもたらされています、そのような賃金格差はしばらくは拡大しますが、いずれの労働者も結局のところ純粋機械化経済に至って賃金が得られなくなります。

エリート労働者の一部は、２０４５年の時点でもマネージメントや創造性に関わる仕事を続けていると考えられますが、例によってその点は無視して話を続けます。

そうすると、２０４５年の時点で勝利の凱歌を揚げているのは資本家ということになります。かつてマルクスとエンゲルスは、労働者階級が革命によって資本家階級に勝利することで、資本主義が終焉するという未来を展望しましたが、このままいくとそれとは逆のことが起きます。労働者階級は賃金が得られなくなることにより消滅し、資本家階級が全てを手にすることで資本主義が終焉します。

全ての労働者は飢えて死ぬ

純粋機械化経済において賃金労働が存在しないということは、労働者は賃金所得を得ることができないということです。その場合でも、商品の値段がゼロであれば問題ありません。スーパーマーケットに行くと無料の商品が陳列してあって、人々は必要に応じて勝手に取って行けば良いからです。陳列作業を行っているのは、もちろんロボットです。

もっとも、２０４５年にはスーパーマーケットなど存在していないかもしれません。スマートフォンやパソコンなどで欲しい商品をクリックするとドローンが届けてくれるかもしれないし、もっと言うと、ただ欲しい商品を念じるだけで、脳に接続されたデバイスを通じて商品の発注が成されるかもしれないです。

いずれにせよ、「コアラが辺りにあるユーカリの葉をむしって食べるかのように[36]」、私たちは欲望の赴くまま自由に商品を消費していくことになります。しかし、そのような形でのユートピアは訪れないでしょう。

2045年の時点でも恐らくは、物質やエネルギー、土地などは有限であり、それゆえに商品の値段もゼロにはならないからです。工場の立っている土地、そこで働くロボットの材料である金属、ロボットを稼働させる電力、商品の原材料などがただにならなければ、そのような工場が供給する商品の価格もゼロにはなりません。

ナノテクノロジーの発達により、無尽蔵に物質やエネルギーを作り出せるようになるとカーツワイルは言っています。3Dプリンターによって分子・原子レベルの組成が可能になって、何でも作り出せるようになるとバラ色の未来を語る人もいます。

そうしたら、ウラニウムやプルトニウムなどの原爆の材料も組成できて危険じゃないかという気もしますが、そうした心配が杞憂であるくらいにナノテクノロジーの研究は遅々として進んでいません。

ＧＮＲの内どの技術がどれだけ早く進歩するかによって、経済・社会に与える影響は異なってきます。京都大学の山中伸弥《やまなかしんや》教授が発見したｉＰＳ細胞に象徴的に現れているように、Ｇ（遺伝子工学）は既に華々しい成果を挙げており、Ｒ（ロボット工学）もまた脚光を浴び始めています。それら二つに比べると、Ｎ（ナノテクノロジー）はかなりの遅れをとっています。

ＡＩ技術とロボット工学に対しナノテクノロジーの進歩が大幅に遅れると、ＡＩ・ロボットに雇用を奪われ賃金収入が得られない一方、物価が高止まりするので労働者が商品を購入できないという地獄のような経済が長く続くことになります。

それに、どのみち工場の立っている土地はただにはなりません。したがって、ナノテクノロジーの発展の末に商品価格が劇的に下落する可能性があるにせよ、完全にゼロになることはありません。

収入の道を断たれた労働者は有料の商品を買うことができません。純粋機械化経済に至って全ての労働者は労働から解放され、もはや搾取されることもなくなるが、それと同時に飢えて死ぬしかなくなります。何の社会保障制度もなければそうならざるを得ません。

そういう意味では、労働者は搾取されている内が華だとも言えます。

マルクスも彼が生きた19世紀の経済についてですが、

資本がもはや労働者に目を向けようとしなくなると、その気まぐれが必然的なものであれ偶然的なものであれ、労働者は労働を、したがって賃金を失う。しかもかれは人間として生存するのではなく、労働者として生存してるのだから、できることといえば、埋葬してもらうか餓死することしかない(37)。


と述べています。労働者が資本家に見放されたら生きていけないのは昔も未来も変わりません。ただ、19世紀の経済と違うのは、労働者の一部が見放されるのではなく、その全員が見放されるという点です。

他方で純粋機械化経済の資本家は、労働者がいなくても一向に平気です。彼らは労働者の代わりに全面的に機械を使役して商品を作り出し販売します。商品を買うのもまた資本家です。

確かに、労働者が消費しない分だけ需要が減少するので、経済はシュリンク（縮小）し資本家の収益も減ってしまうでしょう。しかし、それでも経済は回り続けます。労働者の全員が飢え死にしても、資本家は己の儲けが少なくなるのを残念がるだけで、それ以上に困ることがありません。

こうして純粋機械化経済がディストピアとなるのであれば、それへと至る道もまた苦難に満ちたものとなります。図４-７に表されているように、長期的には事務労働のみならず、肉体労働や頭脳労働の多くもＡＩやロボットに奪われていくからです。それに伴って、資本分配率は増えていき、労働分配率は減っていきます。

肉体労働や頭脳労働は、今後しばらくは増大する可能性があります。ＡＩやロボットの研究開発といった頭脳労働に対する需要が増大することは間違いないでしょう。しかしながら、２０３０年頃に汎用ＡＩが登場するならば、その後は急速にあらゆる雇用が失われていくことになります。

その際、減り続ける雇用をめぐる全労働者参加のバトルロワイヤル的な争奪戦「ジョブ・ウォー」が展開されます。ヘタレ大学教員の私は、そんなハード路線に社会が向かっていかないことを切に願っています。

第5章

なぜ人工知能にベーシックインカムが必要なのか?

長い目で見れば、人間のすることを機械がすべてこなせるようになる。しかし、そのころには、この問題を考えるのも機械の仕事になっている

ポール・クルーグマン『良い経済学　悪い経済学』日経ビジネス人文庫

前章で述べたように、汎用ＡＩが出現する２０３０年頃から純粋機械化経済への移行が起こり、その過程で多くの労働者が機械に仕事を奪われていく可能性があります。それに伴って、資本家の取り分は限りなく大きくなり、労働者の取り分は限りなく小さくなっていくでしょう。

そうすると、ＡＩの発達によって生産性が爆発的に高まったとしても、資本を持った少数の人々しか豊かになることができず、多数派である労働者がむしろ貧しくなるようなディストピアが訪れることになります。

私がここで強調したいのは、ＡＩが高度に発達したからといってそれだけで、遊んで暮らしていけるようなＳＦ的な未来が自然と訪れるわけではないということです。労働者が飢え死にしないようにするには、例えば生活保護を国民の大半に適用するといった政策を積極的に推し進める必要があります。しかし、それはベストな方法と言えるでしょうか？

本章では、どうしたら全ての人々が豊かさを享受できるような社会を築くことができるかといったことを議論したいと思います。

生活保護は労働者を救うか？

まず初めに、純粋機械化経済に移行した後の未来の社会において、貧しくなった多くの国民に生活保護を適用するという政策が妥当か否かについて検討します。

国民の大半にただ飯を食わせたらみんな働かなくなってしまうとか、日本経済は破綻しないのかといった疑問が呈されるかもしれませんが、それらは要らぬ心配だと言えるでしょう。そもそも労働が不要になっているからこそ労働者は社会保障なしには生活できないのです。

ＡＩの発達によって生産力が高度に高まり労働が不要になった経済で、労働者が働かずに生活保護を受給して飯を食っていたところで、それはむしろ理にかなった暮らしぶりなのです。

にもかかわらず、生活保護は純粋機械化経済にとって適した制度とは言えないかもしれません。現行の生活保護制度には様々な問題点が指摘されています。ＡＩの発達によって雇用を奪われ収入源を絶たれる人が増えてくれば、生活保護の適用対象を拡大しなければならなくなり、この制度の問題点もそれにともなって大きくなっていくことでしょう。

生活保護は適用にあたって、救済に値する者と値しない者に選り分けなければなりません。「資力調査」と呼ばれるそのような選別は、多額な行政コストを要するにも関わらず、しばしば失敗に終わります。

不正受給が度々指摘される一方で、生活保護の受給額以下の所得しか得られないワーキングプアが野放しになっていたり、毎年のように餓死者が発生したりしています。

純粋機械化経済において、生活保護制度によって貧困を防ぐならば、その適用対象は国民の大半にのぼることになります。その時、膨大な量の資力調査の作業が発生します。もちろん、その作業をＡＩが担うことができれば行政コストはそれほど掛かりません。

それでもＡＩが人間の知能と同様に万能ではないために、生活保護を適用すべき人に適用せずに、適用すべきでない人に適用するといった選別の失敗を多々生じさせることは目に見えています。

そもそも金持ちと貧乏人との間に明確な一本の線が引けるわけではありません。年収がゼロ円で資産が２０００万円の人は、金持ちでしょうか貧乏人でしょうか。自分は所得も資産もゼロ円だが、年収３０００万円の兄弟がいるという人は、金持ちでしょうか貧乏人でしょうか。

その兄弟と一緒に住んでいる場合、住んでいない場合、絶縁している場合、していない場合など様々なケースに応じた判断が必要になります。そういった判断は、人間にもＡＩにも等しく困難なものです。

したがって、未来の社会で大半の労働者の窮乏化という事態に対処するために、生活保護のような既存の制度を拡充した場合、今よりも遥かに多くの人々が飢えに瀕するとともに、多くの人々が不当な利益を得るようになるものと予想されます。

既存の制度のままでは、ＡＩの発達に伴って元々抱えていた問題が大きく膨らみ行き詰るということであれば、抜本的な制度変革が必要となってくるでしょう。

純粋機械化経済にふさわしい制度があるとすれば、それはソ連型社会主義ではないかと思った人もいるかもしれません。「資本＝生産手段」を国有化する社会主義のシステムは、かつてのソ連邦や東欧諸国では確かに失敗に終わったけれど、労働のほとんどが必要なくなった純粋機械化経済ではうまく機能するのではないかというわけです。その点について今度は検討してみましょう。

ソ連型社会主義は復活するか？

純粋機械化経済では、ロボットのみが働く無人工場などの資本を所有しない者は所得を得ることはできません。そこで、資本＝生産手段を国家が所有することが解決案として考えられます。民間企業を廃して全てを国営化し、国営企業から得られる利益を国民に平等に分配したらどうかというわけです。

ソ連型社会主義は所得の平等を目指したからみんな怠けて働かなくなり失敗したけれど、労働が必要なくなった純粋機械化経済でならば社会主義は成功するのではないかと考える人がいるかと思います。しかし、勘違いされやすいことですが、ソ連型社会主義は所得を等しくするような経済体制ではありません。

社会主義と比較して資本主義は努力と能力に応じて報酬が得られる経済体制だと考える人が多いようです。しかし、それは少し違っていて、資本主義は本人の能力や努力の他、コネや運、相続した資産など全てを武器にして稼ぐことができる総合格闘技のようなものです。それに対しソ連邦などの社会主義国では、努力と能力（つまり労働の成果）に応じて報酬が得られる経済体制が目指されていました。

ソ連型社会主義の失敗の主な要因は所得の平等ではなく、資本＝生産手段を国有化した体制が「計画経済」を採用せざるを得ないという点にあります。この経済体制では企業のほとんどが国営企業（あるいは公営企業）となるので、政府が生産量や価格を決定する必要があります。そのような決定を行う政府機関を一般に「中央計画当局」と言います。

中央計画当局によって価格や生産量が決定されるこのような「計画経済」は、複数の民間企業が競争し合って、市場の自律的な調整メカニズムによって価格や生産量が決定される「市場経済」とは全く異なっています。

「市場経済」では、需要と供給に関する情報は各店舗や各企業が持っています。需要が供給に対し多ければ価格を上げて、少なければ価格を下げるという最適価格を模索する作業をそれらの各経済主体が行います。結果として、チューインガムは100円前後といった具合に市場全体での相場が決定されます。

このように市場経済は各経済主体が別々に意思決定をしているので「分権的な経済」と言われています。それに対し計画経済は、中央計画当局に価格や生産量に関する決定権が集中している「集権的な経済」です。

計画経済が成功するかどうかは、分権的なシステムである市場経済を集中的な権力を持った中央計画当局が人為的に再現できるか否かに掛かっています。

計画経済が市場経済のように円滑に機能するのかどうかといった問いをめぐる一連の議論を「社会主義経済計算論争」と言います。この論争には、ミーゼス、ランゲ、ハイエクといった経済学者が関わっています。

オーストリアの経済学者フリードリヒ・ハイエクは、価格を決定するために必要な需要と供給に関する無数の情報を一箇所に集めることは現実的に不可能だと言いました。このような情報の局在性ゆえに計画経済では妥当な価格の決定はできないと論じています[38]。

世界は一回たりとも全く同じ状態を繰り返したりはしません。今日の街並みは昨日見た街並みと完全に同じではありません。陽射しの強さ、街路樹の葉の数、歩道に止めてある自転車の並びなど細かい無数の違いが見られます。

あるいは、この街とあの街が駅前にパチンコ店とブックオフがあり、国道沿いにイオンモールがあるといった共通点を有しているとしても、あらゆる点で寸分たがわず同じであることはあり得ません。そうすると、この時この場所で的確な判断を下せるのは、その時その場所にいる人だということになります。

そうであれば、現場にいる個々の経済主体が意思決定を行う分権的なシステムの方がより効率的であると言えます。実際、資本主義経済における企業は、近年特に分社化によって意思決定を分権化する傾向にあります。計画経済ではその真逆で、意思決定が一極に集権化されているので、効率悪いことこの上ないということになります。

分権的な経済システムたる市場経済を計画経済によって再現することの不可能性は、ハイエクによって理屈の上で示されただけでなく、ソ連邦の崩壊によって実地に確かめられもしました。結局のところ、それは人の手に余る難事だったのです。ウラジミール・レーニンとともにロシア革命を主導したレフ・トロツキーは、革命の反対勢力に対し「おまえ達は歴史のゴミ箱行きだ」などと宣告しましたが、その70年ほど後には彼らが建設した社会主義国家がまるごと「歴史のゴミ箱行き」となりました。「人の見える手」は「神の見えざる手」の代わりになり得なかったために、社会主義体制の崩壊は免れられなかったのです。

以上の議論を踏まえて言うならば、純粋機械化経済の上にソ連型社会主義のような体制を築いても、望ましい結果はもたらされないでしょう。神のような知性を持ち、あらゆる工場・店舗の現場の情報を知悉している超ＡＩが中央計画当局に鎮座ましましており、供給量や価格を完全にコントロールしてくださるというのであれば、一切はその超ＡＩ様にお任せすれば滞りなく万事がとり運ばれることになります。

ハイエクも『個人主義と経済秩序』（春秋社）で、

「遍在し、全知である」ばかりでなく、全能でもあり、したがってすべての価格を、必要とされるちょうどその分だけ、時期を失することなく変更することができるような集団主義的経済の指令機関を考えること自体は、論理的には不可能ではない。

と言っています。全知全能の神のごとき知性の超AIならば、そのような指令機関（中央計画当局）の仕事を完璧に務めることができるはずです。その場合、「神の見えざる手」に代わって「神的AIの見える手」が、経済システムを良い按配にコントロールしてくれることでしょう。

ところが私たちは、2045年時点のAIは、生命の壁が乗り越えられないために、人間と比べて劣った部分があるものと想定しています。AIは、生産活動の主力ではありますが、ユダヤ・キリスト教徒が崇める全知全能の神ヤハウェのごとき至高の存在ではありません。研究開発者がAIを発達させる営みはなおも続いており、八百万《やおよろず》の神々のような多種多様なAIが存在しているはずです。

さらには、これまで無視してきた1割ほどの労働する人間の存在も考慮に入れなければなりません。彼らは企業を経営したり、イノベーションを起こしたり、新商品を企画したり、映画を作ったり、保育や介護に携わったりしています。企業や組織を国営化し中央計画当局が全てをコントロールする集権的な経済に移行したら、分権的な経済の強みは失われてしまいます。

適切な価格付けがなされないだけでなく、局所的な情報に基づく商品・サービスの改善やイノベーションが起きにくくなり、ソ連邦と同じ失敗が繰り返されることになります。純粋機械化経済への移行に際し、「歴史のゴミ箱」からソ連型社会主義を拾い上げてリサイクルしても、望ましい結果はもたらされないでしょう。

クーポン型市場社会主義の可能性

社会主義と一口に言っても、ソ連型社会主義だけが唯一の道ではありません。アメリカの経済学者ジョン・ローマーが1990年代に提案した社会主義は、ソ連型社会主義とは大きく異なっており、「クーポン型市場社会主義」と言われています。

ソ連型社会主義では、搾取をなくすために企業を国有化し中央計画当局が集権的に経済をコントロールしたことにより立ち行かなくなりました。そこでローマーは、経済活動を分権的に行う経済つまり市場経済を維持したまま、搾取を無くすような経済体制「クーポン型市場社会主義」を考案しました。

ローマーは『これからの社会主義』（青木書店）でこう言っています。

企業の利潤は、個人株主に配分される。はじめに、政府がすべての成年市民に一定数のクーポン（引換券）なりバウチャー（証票）なりを配布し、市民はそれらを、正規の通貨ではなくクーポンで価格表示されている企業の株式の購入に用いる。

各人のクーポン投資株式証券の束は、死亡時に国庫に返還され、成年に達した新たな世代には継続的にクーポンの配分がおこなわれるであろう。

要するに、この体制では国民全員が株主です。成人すると株式を購入できるクーポンを政府からもらうことができます。株式を売り買いすることは自由ですが、売ったお金で消費財を買うことはできません。

ソ連型社会主義とは反対で、資本家を撲滅して国民全員を労働者にするのではなく、国民全員が強制的に資本家にさせられ、資本家をやめることはできないという制度です。ただし、株式は相続を禁止されており、死んだら国に返還されます。

ローマーが提案したこのクーポン型市場社会主義は、ソ連型社会主義の欠点を克服したものになっています。分権的な経済の強みを残しつつ、全ての国民を資本家にすることによって、「搾取する側＝資本家」と「搾取される側＝労働者」という二つの階級の対立を解消した体制になっています。

ローマーは、ＡＩの発達を意識して提案したわけではありませんが、さしあたりこの体制は、資本家しか収入が得られない純粋機械化経済にふさわしいものと言えそうです。

ＡＩが高度に発達した未来に想いを馳せて、その時労働者は食えなくなるので、国民全員が株主になるべきだという結論に至り着く人は少なくありません。

本書に度々登場しているアメリカのＡＩ・ロボット研究者のハンス・モラヴェックは「産業が完全にオートメーション化されることによる弊害を回避するには、全国民にオートメーション化された企業の株式を所有させ、全員を資本家にしてしまうという方法が有効(39)」というアメリカの有名なエンジニアであるジェームズ・アルバスの言葉を紹介しています。

タイラー・コーエンは『大格差』（ＮＴＴ出版）で、機械が人間の労働を完全に代替す

るようになった経済について、

すべての人が機械の所有権を一部ずつもつようになれば、ディストピアというよりユートピアが出現するかもしれない。あるいは、政府が機械の所有権をもち、それによる収入を使って、機械の所有権をもてなかった人や、機械との競争に敗れて職に就けない人を救うようになるかもしれない。

と言っています。

後者の「政府が機械の所有権をもつ」体制はソ連型社会主義に近いですが、前者の「すべての人が機械の所有権を一部ずつもつ」体制はクーポン型市場社会主義に類似しています。機械を所有するのに、何もアパートの四畳半の部屋に置いておく必要はありません。機械を保有する企業の株式を所有すれば良いからです。

こうして見ると、ローマーの「クーポン型市場社会主義」は大変有望であるように思えてきます。しかし、この体制にも幾つか問題点があります。

まずは、政治的な実現可能性についてですが、この制度を始めるにあたって、既存の株主から株式を取り上げなければなりません。私的所有権を侵害するわけですから、大きな政治的抵抗が引き起こされるのは必至でしょう。

それならば、「クーポン型市場社会主義」の体制に転換するにあたっても、かつてロシアや中国、カンボジアなどで引き起こされたような黙示録的な革命が必要になるかもしれません。そのためにどれだけの血が流れるか分かりません。現実に可能なのは、せいぜい相続税の一端として没収した株式を再分配するくらいのことでしょう。

問題は政治的な実現可能性に留まりません。というのも、株式から得られる収入は極めて不安定です。株価が下落すれば損失が生じるし、企業が赤字であれば配当はゼロになります。企業が倒産すればその株式の価値は紙屑同然になります。

純粋機械化経済において「クーポン型市場社会主義」の体制を敷いた場合、多くの人々の収入源は株式のみなので、株価や配当の如何によっては食べていけなくなります。

だとすると、この体制の下でもなお生活保護のような社会保障制度が必要となります。株式の配当は、人々の生活にとっての「ラスト・ディフェンス」（最後の守り）[40]にはなり得ないのです。

ベーシックインカムとは何か

私は、純粋機械化経済において、労働者の所得を保証するために最もふさわしい制度は、「ベーシックインカム」だと思っています。「ベーシックインカム」(Basic Income, BI) は、収入の水準に拠らずに全ての人に無条件に、最低限の生活費を一律に給付する制度を意味します。また、世帯ではなく個人を単位として給付されるという特徴を持ちます。例えば、毎月7万円のお金が老若男女を問わず国民全員に給付されます。BIを「子ども手当＋大人手当」つまり「みんな手当」と考えれば分かりやすいでしょう。

BIの初期の提案者は、『コモン・センス』で有名な18世紀アメリカの政治学者トマス・ペインや『子供の権利』などの著書のある18世紀イギリスの急進的な政治思想家トマス・スペンスです(41)。

BIの現代的な起源は、カナダの思想家であるクリフォード・ヒュー・ダグラスのいう「国民配当」(公的な収益の分配) やアメリカの経済学者でノーベル賞受賞者のミルトン・フリードマンが提唱した「負の所得税」(低所得者がマイナスの税金つまり給付が受けられる制度) にあります。

BIは社会保障制度の一種ですが、「国民配当」という意味でも使われます。例えば、イランやアラスカなどでは、政府が石油などの天然資源から得た収益を国民ないし住民に分配しており、これもＢＩ的なものとして位置づけられることがあります。

要するに、ＢＩには「社会保障制度としての側面」の他に「国民配当としての側面」もあるというわけです。ダグラスの提案は後者の側面の強いものでした。

主要国でまだ、最低限の生活費を保障するようなＢＩを採用した国はありません。アメリカでは１９６８年に、ジェームズ・トービンやジョン・ガルブレイスといった左派からミルトン・フリードマンやフリードリヒ・ハイエクといった右派に至るまで１２００人を超える経済学者がＢＩの導入を政府に要求したことがありました。

このことは、イデオロギーの左右を問わず論理的に経済問題を分析できる人間であるならば、誰もがＢＩの有効性を理解できるということを証拠付けているように思います。提案を受けたニクソン大統領は、「家族扶助プラン」という制度としてＢＩの導入に尽力しましたが、反対も多く断念を余儀なくされました。

それ以降も欧米では盛んにＢＩに関する議論がなされており、今年２０１６年は「ベーシックインカム元年」と言っても良いような盛り上がりを見せています。

オランダでは２０１６年１月からユトレヒトなどの幾つかの都市でＢＩの試験的な導入

が図られています。スイスでは、２０１６年6月にＢＩ導入の是非を問う国民投票が行われましたが、残念ながら否決されました。フィンランドでは政府がＢＩの大規模実験の準備に着手しており、アメリカでも実験の計画があります。

欧米と比べて遅れていますが、日本でも２００８年くらいからＢＩが衆目を集めるようになりました。その当初、主に人文系の学者が思想的にＢＩを論じていましたが、近頃では経済学者が生活保護よりも効率的な制度として推奨することが多くなってきています。

ＢＩを支持する日本の経済学者には、早稲田大学の若田部昌澄教授、明治大学の飯田泰《やす》之《ゆき》准教授、元早稲田大学教授で日銀審議委員の原田泰《ゆたか》氏、立命館の松尾匡《ただす》教授などがいます。この内、松尾教授だけが社会主義者であり、日本のＢＩ支持者も左派に限定されていないということがうかがえます。

中でも特筆すべきなのは原田泰氏で、２０１５年に『ベーシック・インカム』を出版しています。ＢＩに関する書籍を著した人が、日銀のような重要な政府機関で政策決定を担っている。そのことに大きな希望を抱かされます。といっても、もちろん日銀がＢＩ導入の決定に関与し得るわけではありませんが。

私もＢＩは優れた社会保障制度なので、ＡＩが発達すると否とに関わらず、できる限り早く導入すべきだと考えています。以下ではまず話をＡＩとは切り離して、ＢＩには生活保護と比べてどういう優位性があるのか、財源の問題はないのかといった点について論じたいと思います。

ベーシックインカムの優位性

ＢＩを社会保障制度の一種として見た場合、それは「普遍主義的社会保障」として位置づけられます。生活保護が「選別主義的社会保障」であるのとは対照的です。

生活保護の諸々の問題点は、それが「選別主義的」であることから生じています。それに対し、ＢＩは「普遍主義的」であるがゆえに、生活保護の問題点を克服することができます。

ＢＩの給付にあたっては、労働しているかどうか病気であるかどうかは問われません。金持ちであるか貧乏であるかも関係ありません。全国民があまねく受給するものだから取りこぼしが無く、誰も屈辱を味わうことがありません。また、労働しても受給額は減額されないので労働意欲を損ねにくいと考えられます。

ＢＩではまた、貧困の理由が問われることがありません。フリードマンは『資本主義と

自由』（日経BPクラシックス）で、

貧困を減らそうというなら、それだけを目的としたプログラムを用意すべきである。貧しい人はたまたま農民かもしれない。だが、農民だからではなく貧しいから助けるのだ。特定の職業、年齢層、賃金層、労働団体、産業に所属する人を助けるのではなく、あくまで貧しい人を助けるようなプログラムを設計すべきである。

と述べています。

農民が貧しいから農民を扶助しようとか、高齢者は貧しいから高齢者を扶助しようといった考えは間違っているというわけです。そうではなく、政府が貧困を減らそうとするならば、理由を問わず貧しい者をすべからく扶助すべきだとフリードマンは主張しています。人は母子家庭や失業、老齢といった様々な理由で貧困に陥ります。現在、こうした理由の明確な貧困に対処するために、児童扶養手当や失業手当、年金などが制度化されています。しかし、政府が認めた理由以外で貧困に陥った場合、こうした救済を受けることができません。

全ての人が受給の対象となるのであればそういった制度は不要になります。BIを導入し既存の諸々の社会保障制度を廃止することができれば、社会保障に関する行政制度は極度に簡素化されます。社会保障に費やされる事務手続きや行政コストも大幅に削減されます。

ただし、全ての人を救済するといっても、BIはあくまでも貧困に対処するものであり、それ以上のものではないことに注意する必要があります。社会保障は大きく、

・貧困者支援
・障害者支援

の二つに分けて考えることができます(42)。

失業や母子家庭は、「貧困」を招くものとして考えられます。老齢や病気、寝たきり、身体障害は「貧困」を招くばかりでなく、医療費の増加やそれ自体の労苦も問題となるので、その部分については「障害」(ハンディキャップ)として分類するのが適当です。

BIは、貧困者支援の全てに取って代わることができますが、障害者や傷病者の支援の

代わりにはなり得ません。したがって、ＢＩを導入した場合でも、後者についてはこれまでどおりの制度が維持される必要があります。

財源が問題ではない理由

次に財源の問題について考えましょう。新たな政策を導入する際には常にその財源が問われますが、およそ愚かしいことだと思います。「財源は限られている」という言い方がありますが、財源は限られてなどおらず増税すれば良いだけの話です（赤字国債を財源にすることも不況時にはむしろ有益であり得ます）。国民生活を向上させる政策であれば増税してでも実施すべきです。

もちろん、その際に増税そのものが国民生活に与える影響を考慮しなければなりませんが。ＢＩが優れた社会保障制度であり、増税の負担を考慮してもなお国民生活を向上させるものであるならば、実施しないという選択はあり得ないかと思われます。

とはいえ、大き過ぎる変化は国民生活に予期せぬ影響をもたらす可能性があります。ＢＩの導入にあたっても、給付額を一人あたり月１万円から徐々に増やしていくなどして変化が漸進的になるようにすべきでしょう。突然月40万円も給付したら、たちどころにハイパーインフレが起きて経済が破綻してしまうかもしれません。

BIの持続可能性に関する議論は、全てインフレの問題に帰着します。BIの給付額が多いと労働しない人が増えるでしょう。そうすると、一国の生産活動が減退して総供給が減ります。総供給が減って総需要に対して不足するとインフレが起きます。

また、BIの給付額が多いとそれだけ消費需要が増える可能性があります。そうして総需要が増えて総供給が不足するとこの場合もインフレが起きます。

「BIを導入すると働かない人が増える」とか「ハイパーインフレになる」といった批判がしばしばなされますが、そうなるか否かは給付額に依存します。月1万円程度の給付であれば、ニートの著しい増加や極度のインフレが発生する可能性は非常に低いでしょう。しかし、月40万円ほど給付すればそれらの可能性は高くなります。

つまるところ、BIの給付額を極度のインフレが起きない程度に留める必要があります。適切なインフレ率は一般に2～3％程度と言われています。私は、月7万円程度の給付ならば、そのような目標インフレ率を大きく上回るような極度のインフレは発生しないだろうと予想しています。

しかし、実施してみなければどうなるかは分かりません（インフレ率は金融政策にも当然依存します)。だからこそ、1万円くらいから給付額を徐々に増やしていくという漸進的な導入が必要なのです。

とはいうものの、ここでは一人月7万円という給付が極度のインフレなしに実現するものとして、もう少しBIの財政的な面について検討したいと思います。その場合、全国民分の給付総額は年間で100兆円ほどになります。それを、所得税や消費税などの税収でまかなうものと想定しましょう。

100兆円の増税は負担が重過ぎるから無理だろうと断念する必要はありません。注目すべきなのは、単なる増税額ではなく、増税額と給付額の差し引きです。「給付額－増税額」がプラスであれば純受益が、マイナスであれば純負担が個々人に発生します。この差し引き額を全国民で平均すると、理屈の上ではゼロとなります。要するに、国民全体にとっては損も得も生じないということです。

しかし、金持ちほど増税額が増えるものとすれば、富裕層はマイナス（損）で、貧困層はプラス（得）となります。中間層は、およそプラスマイナスゼロです。自分の納めた税金が給付となって、ブーメランのように自分に返ってくるだけです。

それならば、生活保護のように単純に富裕層から貧困層へ所得を再配分すれば良いだけで、こんな壮大で無駄なバラマキをする必要は無いのではないかと思われるかもしれません。しかしながら、生活保護の方がＢＩよりも実質的なコストが掛かります。なぜでしょうか？

まず、一人あたり月７万円の給付に必要な１００兆円は実質的なコストではありません。というのも、お金は使ってもなくならないからです。私の使ったお金は、他の誰かの所有物となります。国が使ったお金も誰かの所有物になります。この世から消えてなくなるわけではありません。この場合、全国民の納めた１００兆円が全国民に戻ってくるだけのことです。

一国を一個人や一企業に置き換えて考えないように注意してください。一個人が使ったお金はその個人から消えてなくなりますが、国全体から消えてなくなるわけではありません。その点を踏まえないと、ＢＩの持つ効率性を理解することはできません。

生活保護のような再分配の場合、選別のための行政コストが掛かります。これは実質的なコストであり、前述したとおり、貧困者とそうでない者を選り分けるコストは馬鹿になりません。

一国の経済にとって実質的なコストというのは、お金を使うことではなく労力を費やすことなのです。ただし、ＢＩの方も行政コストがゼロなわけではありません。給付の際にどれだけ事務手続きなどに労力が掛かるかが問題となります。

しかしながら、全国民の銀行口座に毎月給付金を振り込むようにすれば、ランニングコストはほとんど掛かりません。マイナンバー制度が２０１６年1月に実施されましたが、マイナンバーと銀行口座が紐付けされるようになれば、このようなコストの掛からないＢＩ制度を導入するための環境が整います。

ベーシックインカムの試算

次に、原田泰氏の『ベーシック・インカム』を参考にしつつ、ＢＩに関する財政的な試算を簡単に行ってみましょう。

基礎年金の政府負担や児童手当、雇用保険、生活保護などはＢＩの導入にともなって廃止される。さらに、中小企業対策費や公共事業予算、農林水産業費なども所得補償を目的になされている側面があるので、部分的には削減が可能だ。このように原田氏は考え、合計36兆円がＢＩの財源として振り替えられると結論付けています。本書でもこの額を踏襲することにします。

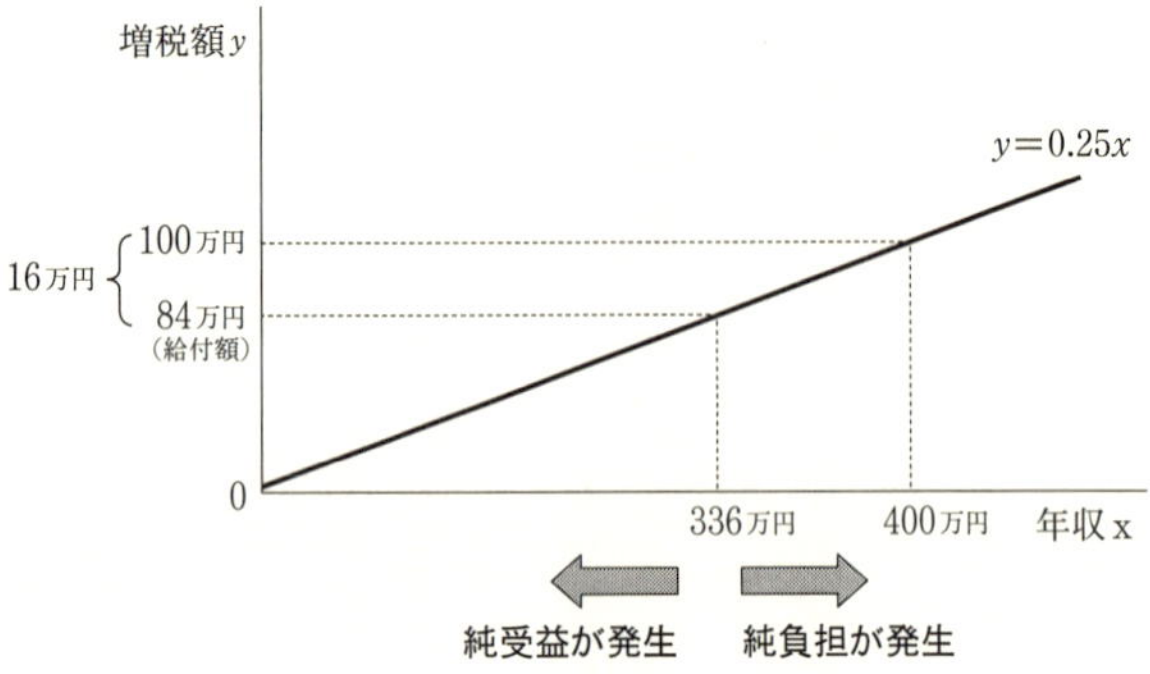

図5-1　年収と増税額の関係

給付額について原田氏は、月に大人7万円、子供3万円としています。ここではもっと単純化して、大人も子供も一人あたり月7万円（年84万円）とします。そのために必要な年間予算約100兆円から36兆円を引いた残りである64兆円を、全て所得増税でまかなうものとします。

日本人の所得は250兆円ほどあるので25%の率の所得税を新たに掛ければ64兆円を捻出することができます。実際には、累進課税にすることも考えられますが、ここでは単純化のために、増税分についてのみ全ての所得に同じ税率を適用するものとします。25%の率の所得税増税を行った場合の年収と増税額の関係は、図5-1のようになります。

現在、個人の平均年収は、およそ400万円です。平均年収の人は、その内の25%である100万円を新たな税金として負担することになります。100万円の増税など耐えられるわけがないなどと弱気にならないようにしましょう。これがまさにBIをめぐる議論で人々が常々陥りがちな錯覚なのです。

年収400万円の人の「純負担」は一人暮らしならば、増税額の100万円から給付額の84万円を引いた残りの16万円に過ぎません（図5−1）。BI導入となると大きな負担が生じるように感じてしまうかもしれませんが、平均的な年収の人の「純負担」は年間たったの16万円なのです。

同様に考えると、ちょうど年収336万円の人は一人暮らしならば、税額が給付額と同じ84万円となり、損も得もなくなります。年収が336万円より多い人には純負担（損）が生じ、少ない人には純受益（得）が生じます（図5−1）。

とはいうものの、年収336万円以上の全ての人に純負担が生じるというわけではありません。年収400万円の人が専業主婦と子供一人を養っているものとします。

表5−1のケース1にあるように、3人家族のBI給付額は84万円×3＝252万円です。

増税額が100万円なので、この世帯（家族）には純受益が発生し、その額は252万

表5-1　BIの支給額と増税額

	世帯年収	世帯構成	増税額（収入減少額）	給付額	純受益／負担
ケース1	400万円	3人	100万円	252万円	152万円の純受益
ケース2	500万円	2.5人	125万円	210万円	85万円の純受益
ケース3	年金96万円	1人	年金48万円減	84万円	36万円の純受益
ケース4	2000万円	4人	500万円	336万円	164万円の純負担

円－100万円＝152万円です。（ただし、現在児童手当などの給付を受けている場合は、その分をさらに差し引かなければなりません。）

多くの平均的な子育て世帯がBIの導入によって恩恵を受けることができます。こうなってくると、子供をたくさん生み育てることが得になってきます。それは誠に結構な話で、これくらい思い切った給付を実施しなければ、少子化は解消できないでしょう。

「個人」の平均年収はおよそ400万円ですが、「世帯」ごとの平均年収はおよそ500万円です。これは世帯主以外の家族が働いているケースがあるからです。表5－1のケース2にあるように、この平均的な世帯の増税額は125万円となります。

一方、平均世帯人数は約2・5人であり、その場合の給付額は84万円×2・5＝210万円です。この世帯にも純受益が発生し、その額は２１０万円－１２５万円＝85万円です。これは平均的な世帯がＢＩ導入によって得をするということを意味しています。

収入が年金のみの一人暮らしのお年寄りにも純受益が発生します（表5－1のケース3）。基礎年金の国庫負担は2分の1なので、ＢＩを導入する代わりにこの国庫負担をなくせば、現在年96万円（月8万円×12）ほどの基礎年金は半分の48万円になってしまいます。

しかし、この減額を理由にＢＩ導入に反対するのもまた早計です。というのも、ＢＩによって年84万円の給付がなされるので、基礎年金のみで暮らしていたお年寄りの収入は48＋84＝１３２万円となります。収入は年額96万円から１３２万円に36万円増えるわけです。（ただし、年金に新たな所得税が掛からないものと想定しています。）

では、一体誰が損をするのでしょうか？　年収２０００万円で専業主婦と子供二人を養っている人の世帯は、増税額が５００万円で、ＢＩ給付総額は４人家族なので３３６万円となります。このような高所得層に至ってようやく、１６４万円ほどの純負担が発生します（表5－1のケース４）。

ＢＩ導入に対する高所得層の反発は当然予想されますが、そこさえクリアできれば十分に実施可能な制度であることが分かってもらえたかと思います。

純粋機械化経済におけるベーシックインカム

それでは、未来に訪れるであろう経済「純粋機械化経済」にとってBIはどのような意味を持つでしょうか？　インターネット掲示板2ちゃんねるには、

遠い未来には、機械に労働させて、人間はBIで暮らすようになるのかな

という書き込みがありました。また、モラヴェックは、

将来は、財源をもっと広げ、ロボット企業から法人税としてお金を集めて、人間に年金を支給できるようにすればよいのである。(43)

いずれはほとんどの人間が「年金」を受け取るようになる。(44)

と言っています。

この「年金」の意味するところは要するにBIです。モラヴェックが「年金」という言葉を使ったのは、高齢者ばかりでなく全ての人間がリタイアし、新しい知生体であるロボットに世界の覇権を明け渡すという意味合いを込めるためです。

ともあれ、匿名の2ちゃんねらーから高名なAI研究者に至るまで、AIが高度に発達した未来にはBIが必要であると主張する人は、少なくないようです。AIが発達した未来でなくても、BIはすぐにでも導入されるべきだと私は思っています。生活保護と比べて遥かに優れた社会保障制度だからです。

しかし、今の日本では、ほとんどの人々が働いて得た所得で最低限以上の生活を営めているせいか、BIの必要性を感じている人は少ないようです。日本で生活保護を受けている人の割合は1・7％ほどであり、絶対的貧困率（最低限の衣食住にもこと欠く貧しい人々の割合）は4％以下です。

しかしながら、AIが高度に発達し、働いて所得を得ることが当たり前ではない社会がやってくれば、恐らく、多くの人々がBIを導入した方が良いという考えに至るのではないでしょうか。

先ほど述べたように、AIの発達によって雇用を奪われ収入源を絶たれる人が増えてくれば、生活保護の適用対象を拡大しなければならなくなり、生活保護の問題点もそれにともなって大きくなっていくからです。

それにそもそも、労働者の大半が生活保護の給付を受けるとするならば、そのような生活保護の規模は、ＢＩとあまり変わらなくなります。労働者の大半か国民全員かという違いでしかありません。それなら、いっそ問題点の多い生活保護がＢＩにとって代わられるべきではないでしょうか。

財源はさしあたり、所得税、消費税、相続税、法人税のいずれでも構いません。もちろん、どれがＢＩの財源にとってより適切であるのかを結論づけるには、多くの議論が必要となるでしょう。いずれにせよ、さきほどの所得税を財源にした場合の試算によって、現在の経済状態でもＢＩは十分実施可能であると感得してもらえたかと思います。

純粋機械化経済では、ＢＩの実施はいっそう容易になります。そこに至ると、年々成長率が上昇していくような爆発的な経済成長が成されるので、得られる税金も爆発的に増えていきます。ＢＩの財源に頭を悩ますことがバカらしくなるほどの税額が得られるようになるでしょう。

税額の増大に合わせて給付額を増やしていくこともできます。月７万円などというしみったれた額に留めておく必要はありません。もし、所得の一定率、例えば25％をＢＩにあてるというルールを採用した場合、経済成長率と同じような率でＢＩの額は増大していくことになります。

極度のインフレにだけは陥らないように気をつけなければなりませんが、このようなルールに基づいてＢＩの給付額を爆発的に増やしていくことは恐らく可能でしょう[45]。

こうしてＢＩの給付額を増大させることによって、ＡＩの発達の末に訪れるはずの途方もなく実り豊かな経済の恩恵を、一部の人々ではなく全ての人々が享受できるようになるはずです。

しかし、もしＢＩのような社会保障制度がなければ大半の人々にとって、未来の経済は暗澹たるものになりかねません。ＢＩなきＡＩはディストピアをもたらします。しかし、ＢＩのあるＡＩはユートピアをもたらすことでしょう。

おわりに

何年も前のことですが、女性向けファッション雑誌『アンアン』を読みながら「有用性」について考えを巡らせたことがあります。「有用性」というのは、20世紀前半のフランスの思想家で小説家のジョルジュ・バタイユが提示した概念で、要するに「役に立つこと」を意味します。バタイユは有用性を批判するような思想を展開しました。

資本主義に覆われたこの世界に生きる人々は、有用性にとりつかれ、役に立つことばかりを重宝し過ぎる傾向にあります。将来に備えて資格のための勉強をすることは言うまでもなく有用です。

ところが、その勉強は未来の利益のために現在を犠牲にする営みであるとも言えます。現在という時が未来に「隷従」させられているのです。有用な営みに覆われた人生は奴隷的だとバタイユは考えました。

役に立つが故に価値あるものは、役に立たなくなった時点で価値を失うので、その価値は独立的ではありません。会計士の資格は会計ソフトの普及で、運転免許はセルフドライビングカーの普及で、英会話能力は自動通訳機の普及で、有用ではなくなり価値を失うかもしれません。

バタイユは「有用性」に「至高性」を対置させました。「至高性」は、役に立つと否とに関わらず価値のあるものごとを意味します。「至高の瞬間」とは未来に隷属することない、それ自体が満ち足りた気持ちを抱かせるような瞬間です。

至高の瞬間は、労働者が一日の仕事の後に飲む一杯のワインによって与えられることもあれば、「春の朝、貧相な街の通りの光景を不思議に一変させる太陽の燦然たる輝き(46)」によってもたらされることもあります。

注意してもらいたいのは、バタイユが市場で交換価値を持つものを貶めて、そうでないものを称揚しているわけではないということです。「奇蹟的な感覚」をもたらす一杯のワインは、スーパーの酒類コーナーで買ってきたものでも構わないのです。

購入したものであれ自家製のものであれ、ポリフェノールは体に良いなどと分別臭いことを言って、この上ない陶酔をもたらし得るワインを未来の健康のための手段へと変えてしまうせせこましい思考回路をバタイユは軽蔑しています。「こうした人間は詩を知らないし、栄誉を知らない。こうした人間からみると太陽は、カロリー源にすぎない[47]」のです。

さらに私たち近代人は、人間に対してですら有用性の観点でしか眺められなくなり、人間はすべからく社会の役に立つべきだなどという偏狭な考えにとりつかれているように思われます。

現代社会で失業は、人々に対し収入が途絶えるという以上の打撃を与えます。つまり人としての尊厳を奪うわけですが、それは私たちが自らについてその有用性にしか尊厳を見出せない哀れな近代人であることをあらわにしています。みずからを社会に役に立つ道具として従属せしめているのです。

そのことを批判してバタイユはこう言っています。「天の無数の星々は仕事などしない。利用に従属するようなことなど、なにもしない[48]」。

人間の価値は究極的なところ有用性にはありません。人の役に立っているか、社会貢献できているか、お金を稼いでいるか、などといったことは最終的にはどうでも良いことなのです。

経理係を務めているがために価値があると見なされている人間は、情報技術が経理業務の一切を担うようになればその価値を失うことになります。転職して他の仕事に就いたとしても同じことです。その仕事もまたＡＩなりロボットなりに奪われる可能性があるからです。

要するに、有用性という価値は普遍的なものではなく、波打ち際の砂地に描いた落書きが波に洗われるように、やがては消え去る運命にあるのです。

ＡＩやロボットの発達は、真に価値あるものを明らかにしてくれます。もし、人間に究極的に価値があるとするならば、人間の生それ自体に価値があるという他ありません。

機械の発達の果てに多くの人間が仕事を失います。役立つことが人間の価値の全てであるならば、ほとんどの人間はいずれ存在価値を失います。したがって、役に立つと否とにかかわらず人間には価値があるとみなすような価値観の転換が必要となってきます。

そもそも、自分が必要とされているか否かで悩むことは近代人特有の病であり、資本主義がもたらした価値転倒の産物です。しかも、価値転倒が起きたことすら意識できないくらいに、私たちは有用性を重んじるような世界に慣れ親しんでしまっています。有用性を極度に重視する近代的な価値観は資本主義の発展とともに育まれてきました。資本主義は、生産物の全てを消費せずにその一部を投資に回して、資本を増大させることによって拡大再生産を行うような経済として考えられます。

より大きな投資は後により大きな利得を生むことから、資本主義は未来のために現在を犠牲にするような心的傾向をもたらし、あらゆる物事を未来の利得のための有用な投資と見なす考えをはびこらせたわけです。

経済学では、「資本」は通常、工場や機械などの生産設備を意味しますが、しばしば知識や技能をもった人間も生産の際に投入される資本として扱われます。後者については特に「人的資本」と呼ばれ、教育は人的資本に対する投資と見なされます。

その観点からすれば、小学校に上がってから退職するまでの人生は、投資期間とその回収期間として位置づけられます。受験勉強のための塾通いは多くの場合まさにこの観点からなされています。子供の時間は未来の富のために捧げられているのです。

資本主義の発達に伴って、学術は真実を探求するもの、あるいは人間を自由にするものとしての価値を失ってきました。「知識は、それ自身だけで善いものとみられず、また一般的にいって、ひろくて情味豊かな人生観を生み出す方法としては考えられず、単なる技術の一要素とみなすようになって来ている」[49]のです。

さらには、将来の富を生む手段としての価値が強調され、そのような価値を持たない学術分野は存亡が危うくなっています。学術的研究が投資物件のように扱われているのが現状です。

その挙句の、女性向けファッション雑誌における「セックスできれいになる」特集の出現です。至高性の典型であるところのエロティシズムすらも、美しくなるための投資と見なされてしまっている。

そう思って私は現代を生きる人々の抜け目なさに哀れを催したのでした。しかしながら、一切の事々を投資案件としてみなさずにはいられない近代人の性癖もいずれは消滅するだろうと思います。

バタイユは、その著書『呪われた部分』で「普遍経済学」の構想を示しています。それは、必要を満たすために生産するという通常の経済学とは逆に、過剰に生産された財をいかに「蕩尽」(消費)するかについて論じるような経済学です。

別の言い方をすれば、バタイユが「限定経済学」と呼んでいる通常の経済学は「希少性の経済学」であり、普遍経済学は「過剰性の経済学」です(50)。

既に私たちは、過剰に生産された財をいかに蕩尽するかに頭を悩まさなければならないような社会に生きています。供給に対し需要が恒常的に不足したために発生した日本のデフレ不況をバタイユ的問題としてとらえることもできます。

ただ、幸か不幸かこの社会には欲しい物を全て手に入れ消費が飽和し切っているお金持ちだけが住んでいる訳ではありません。そのため、依然として貨幣量を増大させ消費需要を喚起するような政策が効果を持っています。

ところが、汎用AIが出現した後には爆発的な経済成長が可能となり、途方もなく実り豊かな生産の時代がやってくるでしょう。あらゆる人々が消費に倦み飽きるようになるその時、世界は完全にバタイユのものとなります。「希少性の経済学」が没落し「過剰性の経済学」が支配的となるわけです。

バタイユは、労働することなく生活に必要なものが満たされ、そのうえ過剰に消費し得る昔の王侯貴族のような人間を「至高者」と呼びました。未来の世界では、誰もが至高者になれるかもしれません。

パリでバタイユが「普遍経済学」の着想を膨らませているのと同時期に、ドーバー海峡の向こう側では、ケインズが経済学の「一般理論」について思案していました。それらは「供給の過剰」と「需要の不足」をそれぞれ強調しており、裏表の関係にあります。

そのケインズは今から80年ほど前に、100年後の人間は一日3時間働けば十分になると予言しました。このまま漫然と20年の時が過ぎてもケインズの予言は実現しないでしょう。

しかしながら、ＡＩが高度に発達した未来の世界でＢＩが導入されれば、労働時間の劇的な短縮が可能となります。平均的な市民の労働時間がほとんどゼロになることも考えられます。

このような経済では、賃金によって測られる人間の有用性はさほど問題とはならなくなります。なぜなら、賃金労働に費やす時間は、人間の活動時間のほんの一部を占めるに過ぎなくなるからです。そして、残された余暇時間の多くは未来の利得の獲得のためではなく、現在の時間を楽しむために費やされるでしょう。

ケインズは未来についてこうも言っています。

われわれはもう一度手段より目的を高く評価し、効用よりも善を選ぶことになる。われわれはこの時間、この一日の高潔でじょうずな過ごし方を教示してくれることができる人、物事のなかに直接のよろこびを見出すことができる人、汗して働くことも紡ぐこともしない野の百合のような人を、尊敬するようになる。(51)

「物事のなかに直接のよろこびを見出すこと」とはバタイユのいう至高性に他なりません。ケインズのこの予言が成就する時、有用性の権威は地に堕ちて、至高性が蘇るでしょう。

注

(1) IHS Automotive によるロボットカー市場予測。
(2) 2016年5月、羽生氏の叡王戦への出場が決定し、羽生氏とコンピュータが対戦する可能性が濃厚になった。
(3) プロ棋士が公式戦で初めて負けたのは2013年である（佐藤慎一四段 vs.ポナンザ）。
(4) 局面の数が、将棋は10の220乗、囲碁は10の330乗と言われている。
(5) デイヴィッド・N・ワイル『経済成長』（ピアソン桐原）。
(6) ジョン・メイナード・ケインズ『説得評論集』（ぺりかん社）に収録。
(7) 職業別に学校の平均通学年数を導き出して、年数が低い方から職業を順に並べている。なお、オーター自身は近年、二極化の要因として、情報技術の進歩よりもグローバリズムを重視している。
(8) 国連開発計画「Human Development Report 2015」
(9) 「発明」が最初に作ったという意味でない場合が多々ある。例えば「ジェームズ・ワットが蒸気機関を発明した」という教科書的な言い回しがあるが、蒸気機関は古代ギリシャにもあったし、近代にもワット以前にフランス人のドニ・パパンやイギリス人のトーマス・ニューコメンといった蒸気機関「発明」の先駆者達がいる。
(10) レイ・カーツワイル、徳田英幸『レイ・カーツワイル――加速するテクノロジー』（日本放送出版協会）。
(11) 例えば、西川アサキ「アップロードは哲学の論題になりうるのか？」、『現代思想』2015年12月号　特集　人工知能――ポスト・シンギュラリティ（青土社）に収録。

(12) 一言でいうと、「ディープラーニング+強化学習」であり、「深層強化学習」などと言われている。

(13) 「言語の壁」という用語そのものは理化学研究所の高橋恒一氏から示唆されたものだが、本書のこの用語についての説明は私自身の考えに基づいている。

(14) 谷口忠大『記号創発ロボティクス――知能のメカニズム入門』(講談社選書メチエ)。

(15) 「言語の壁」とともに「生命の壁」という言葉も高橋恒一氏の示唆による。しかし、本書では「生命の壁」について私なりの考えを展開している。

(16) 松原仁「人工知能の現在――何ができ、何ができないか」、『三田評論』1190号・2015年6月号(慶應義塾)に収録。

(17) (16)に同じ。

(18) 西垣通「知をめぐる幼稚な妄想」、『現代思想』2015年12月号 特集 人工知能――ポスト・シンギュラリティ(青土社)に収録。

(19) 「汎用目的技術」に関する文献として、エルハナン・ヘルプマン編集 *General Purpose Technologies and Economic Growth* (The MIT Press) がある。

(20) ローマクラブというシンクタンクが、「成長の限界」という報告書を発表したのは、一九七二年である。

(21) リオタール自身は、『ポスト・モダンの条件――知・社会・言語ゲーム』(水声社)で一九五〇年代末にはポストモダンの兆しが現れていたと言っている。

(22) 例えば、東浩紀『動物化するポストモダン――オタクから見た日本社会』(講談社現代新書)。

(23) デイヴィッド・N・ワイル『経済成長』(ピアソン桐原)。

(24) 経済学の観点から言うと、技術は「非競合性」と「非排除性」と二つの性質を満たしている「公共財」であるがために、スピルオーバする。

(25) 経済学的には、技術は街灯と同様に「公共財」であるので、政府によってその発達が促進されるべきだということになる。

(26) イタリアの経済学者ルイジ・パシネッティは技術的失業を需要不足による失業として位置づけている。

(27) 「需要不足は短期的な問題である」というマクロ経済学の教科書的な見解に対し、私は批判的である。詳しくは、井上智洋「長期デフレ不況の理論的可能性――ニューケインジアンモデルと貨幣的成長モデルの統合」、『リーディングス――政治経済学への数理的アプローチ』(勁草書房)を参照されたい。

(28) 財政政策一般に対し否定的なわけではないので注意されたい。公共事業ではなく、家計にお金をばらまくような政策についてはむしろ肯定的である。

(29) 岸本美緒『清代中国の物価と経済変動』(研文出版)。

(30) 理論的な面については、井上智洋「長期デフレ不況の理論的可能性――ニューケインジアンモデルと貨幣的成長モデルの統合」、『リーディングス――政治経済学への数理的アプローチ』(勁草書房)を参照されたい。

(31) トマ・ピケティは、ロボットのみが働く経済のことを「純粋ロボット経済」と呼んでいる。「純粋機械化経済」という本書の表現はそれに倣っている。

(32) マルクス経済学では、「労働」と「労働力」を明確に区別するが、ここでは両者の区別はさしたる意味を持たず、本文中の「労働」は「労働力」と異なった含意を持つ概念ではない。

(33) Yを産出量、Aを技術水準、Kを資本、Lを労働とし、$Y=AK^{\alpha}L^{1-\alpha}$というコブ・ダグラス型生産関数を仮定する。また、$\dot{K}=sK-\delta K$であり、$s$は貯蓄率、$\delta$は資本減耗率を表す。さらに、$\dot{L}/L=0$、$\dot{A}/A=g$とする。ただし、$g$は一定の技術進歩率である。そうすると定常状態の経済成長率は、$\dot{Y}/$

$Y=g/(1-\alpha)$ となる。これは、成長率 $\dot{Y}/Y$ が、技術進歩率 g に依存して決定されることを意味する。例えば、$\alpha=0.4$ とすると、定常状態の $\dot{Y}/Y$ は g の約 1.7 倍となる。技術進歩率 g が 1% であるならば、成長率 $\dot{Y}/Y$ は約 1.7% である。

（34）Y は産出量、A は技術水準、K は資本であり、AK 型生産関数 $Y=AK$ を仮定する。s は貯蓄率、δ は資本減耗率であり、$\dot{K}=sY-\delta K$ とする。さらに、$\dot{A}/A=g$ とし、技術進歩率 g を一定と仮定する。この時、経済成長率は $\dot{Y}/Y=sA(0)e^{gt}-\delta+g$ となる。これは、成長率 $\dot{Y}/Y$ が、指数関数的に成長することを意味する。

（35）イタリアの経済学者ピエロ・スラッファの著作『商品による商品の生産――経済理論批判序説』（有斐閣）をもじっている。

（36）ドワンゴ人工知能研究所所長の山川宏氏の言葉。

（37）マルクス『経済学・哲学草稿』（光文社古典新訳文庫）。

（38）松尾匡『ケインズの逆襲、ハイエクの慧眼』（PHP新書）を参照されたい。

（39）ハンス・モラヴェック『シェーキーの子どもたち――人間の知性を超えるロボット誕生はあるのか』（翔泳社）。

（40）若田部昌澄教授の言い回しを借りた。

（41）山森亮『ベーシック・インカム入門』（光文社新書）。

（42）小沢修司『福祉社会と社会保障改革――ベーシック・インカム構想の新地平』（高菅出版）は、社会保障を「現金給付」と「物的給付」とに分類しているが、それらはおよそ本書での「貧困者支援」と「障害者支援」に対応している。

（43）（39）に同じ。

（44）（39）に同じ。

(45) その際、中央銀行の貨幣発行益をＢＩの財源にすることは有望な政策だと考えられるが、その点に関する議論は本書では割愛した。
(46) ジョルジュ・バタイユ『至高性――呪われた部分（普遍経済論の試み）』（人文書院）。
(47) ジョルジュ・バタイユ『呪われた部分　有用性の限界』（ちくま学芸文庫）。
(48) (47) に同じ。
(49) バートランド・ラッセル『怠惰への讃歌』（平凡社）。
(50) 佐伯啓思『経済学の犯罪――稀少性の経済から過剰性の経済へ』（講談社現代新書）。
(51) ジョン・メイナード・ケインズ『説得論集』（東洋経済新報社）。

井上智洋（いのうえ ともひろ）

駒澤大学経済学部准教授。慶應義塾大学環境情報学部卒業、早稲田大学大学院経済学研究科博士課程単位取得退学。2015年4月から現職。博士（経済学）。専門はマクロ経済学、貨幣経済理論、成長理論。人工知能と経済学の関係を研究するパイオニアとして、学会での発表や政府の研究会などで幅広く活動している。AI社会論研究会の共同発起人もつとめる。著書に、『ヘリコプターマネー』（日本経済新聞出版社）、『新しいJavaの教科書』、『リーディングス 政治経済学への数理的アプローチ』（共著）などがある。

文春新書

1091

人工《じんこう》知能《ちのう》と経済《けいざい》の未来《みらい》
2030年《ねん》雇用大崩壊《こようだいほうかい》

2016年（平成28年）7月20日　第1刷発行
2017年（平成29年）4月15日　第10刷発行

著　者　井上智洋
発行者　木俣正剛
発行所　株式会社 文藝春秋

〒102-8008　東京都千代田区紀尾井町3-23
電話（03）3265-1211（代表）

印刷所　理想社
付物印刷　大日本印刷
製本所　加藤製本

定価はカバーに表示してあります。
万一、落丁・乱丁の場合は小社製作部宛お送り下さい。
送料小社負担でお取替え致します。

ISBN978-4-16-661091-4

◆経済と企業

金融工学、こんなに面白い　野口悠紀雄
臆病者のための株入門　橘 玲
臆病者のための億万長者入門　橘 玲
売る力　鈴木敏文
安売り王一代　安田隆夫
熱湯経営　樋口武男
先の先を読め　樋口武男
明日のリーダーのために　葛西敬之
こんなリーダーになりたい　佐々木常夫
もし顔を見るのも嫌な人間が上司になったら　江上 剛
定年後の8万時間に挑む　加藤 仁
強欲資本主義 ウォール街の自爆　神谷秀樹
ゴールドマン・サックス研究　神谷秀樹
新自由主義の自滅　菊池英博
黒田日銀 最後の賭け　小野展克
日本経済の勝ち方 太陽エネルギー革命　村沢義久

石油の支配者　浜田和幸
石油の「埋蔵量」は誰が決めるのか?　岩瀬 昇
原油暴落の謎を解く　岩瀬 昇
エコノミストを格付けする　東谷 暁
就活って何だ　森 健
ぼくらの就活戦記　森 健
新・マネー敗戦　岩本沙弓
自分をデフレ化しない方法　勝間和代
JAL崩壊　日本航空・グループ2010
ユニクロ型デフレと国家破産　浜 矩子
新・国富論　浜 矩子
東電帝国 その失敗の本質　志村嘉一郎
出版大崩壊　山田 順
資産フライト　山田 順
脱ニッポン富国論　山田 順
税務署が隠したい増税の正体　山田 順
円安亡国　山田 順
通貨「円」の謎　竹森俊平

日本型モノづくりの敗北　湯之上 隆
松下幸之助の憂鬱　立石泰則
さよなら! 僕らのソニー　立石泰則
君がいる場所、そこがソニーだ　立石泰則
日本人はなぜ株で損するのか?　藤原敬之
日本国はいくら借金できるのか?　川北隆雄
高橋是清と井上準之助　鈴木 隆
ビジネスパーソンのための契約の教科書　福井健策
ビジネスパーソンのための企業法務の教科書　西村あさひ法律事務所編
会社を危機から守る25の鉄則　西村あさひ法律事務所編
サイバー・テロ 日米vs.中国　土屋大洋
非情の常時リストラ　溝上憲文
ブラック企業　今野晴貴
ブラック企業2　今野晴貴
エコノミストには絶対分からないEU危機　広岡裕児
『ONE PIECE』と『相棒』でわかる! 細野真宏の世界一わかりやすい投資講座　細野真宏
日本の会社40の弱点　小平達也
平成経済事件の怪物たち　森 功